U0594900

高校学生能力及其提升路径

康 乐◎著

吉林出版集团股份有限公司

图书在版编目（CIP）数据

高校学生能力及其提升路径 / 康乐著. — 长春：
吉林出版集团股份有限公司，2022.9
ISBN 978-7-5731-2339-8

Ⅰ. ①高… Ⅱ. ①康… Ⅲ. ①大学生－能力培养－研究
Ⅳ. ①G645.5

中国版本图书馆 CIP 数据核字 (2022) 第 175519 号

高校学生能力及其提升路径

著　　者	康　乐
责任编辑	王　平
封面设计	林　吉
开　　本	787mm×1092mm　　1/16
字　　数	220 千
印　　张	10
版　　次	2022 年 9 月第 1 版
印　　次	2022 年 9 月第 1 次印刷
出版发行	吉林出版集团股份有限公司
电　　话	总编办：010-63109269
	发行部：010-63109269
印　　刷	廊坊市广阳区九洲印刷厂

ISBN 978-7-5731-2339-8　　　　　　　　　　　　定价：78.00 元

前　言

　　如今大学生就业问题已经成为社会关注的焦点，且大学生就业难已然成为了事实。在现如今激烈的社会竞争环境中，如何开拓就业途径，提升就业质量，且在保障就业的基础之上进一步促进高校的发展，是如今高校大学毕业生需要逐一解决的重点难题。随着我国高校毕业生就业制度的不断改革，大学生的就业体制也发生了翻天覆地的变化，与此同时，高校就业工作的实质也同样发生了变化。但是从现如今高校就业指导工作来看，仍然沿袭着传统的就业工作指导，让找工作一直处于非常被动的位置。在如今社会环境下，研讨大学生就业的策略便具有重大的意义。

　　将大学生核心能力的提高，不仅关系到大学生自身核心素养的提高，同时也关系到整个社会乃至国家竞争力的提高。大学生作为国家核心能力的重要战略资源，对于一个国家在国际中的竞争地位尤为重要。大学生的核心能力主要是指一种大学生在日常学习、活动以及日后的职业生涯中所具备的，为了自身素质的提高所具有的能力，主要包括学习能力、职业能力、创新能力、合作与竞争能力等。

　　大学生核心能力的培养关系到我国人才队伍的建设，同时也是提升国家竞争力的关键。在信息化、国际化的背景下，社会和国家对当代大学生的核心能力有了更高的要求，学生应具备适应终身发展和社会发展需要的核心能力，即学习能力、职业能力、创新能力、合作与竞争能力。新时代大学生核心能力的特点具有普遍适用性、积累稳定性和生存实用性，这也决定了高校需要采取多元化的手段，从不同方面创新大学生核心能力的培养路径。

　　为了提升本书的学术性与严谨性，在撰写过程中，笔者参阅了大量的文献资料，引用了诸多专家学者的研究成果，因篇幅有限，不能一一列举，在此一并表示最诚挚的感谢。由于时间仓促，加之笔者水平有限，在撰写过程中难免出现不足的地方，希望各位读者不吝赐教，提出宝贵的意见，以便笔者在今后的学习中加以改进。

目 录

第一章　高校学生职业素养的培养

第一节　专业技能

职业教育本质特征的两个重要方面，就是围绕技能型人才来确立职业教育培养目标和人才培养模式。随着科学技术的迅猛发展，各类职业对从业者专业技能的要求逐渐提高。从业者既要具备扎实的基础知识，又要具备精湛的专业知识和技能，这样才能更好地提高个人的核心竞争力。

一、专业技能概述

（一）专业技能的含义

专业技能是指将所掌握的专业理论知识综合地运用于实践的能力。作为用人单位招聘大学生时考察的第一项内容，专业技能水平的高低是大学生求职就业成功与否的首要因素。因此，熟练掌握与自己职业目标相关的专业技能，在质和量上都要达到相关职业的要求，是大学生提升职业素养的重要内容。

（二）专业知识与专业技能的关系

专业知识指理论知识，专业技能指实际操作能力。知识学习是技能养成的基础，知识越丰富，越有利于接受新事物，越有利于提高综合分析和判断解决问题的能力。但是，知识学习绝不能代替技能的训练，熟练的技能一定要在长期不断的训练和实践中才能获得。技能很大程度上受到后天的学习与实践因素的影响，专业技能是可以通过强化训练而在短期内提高的技能，但是也会由于遗忘而丧失。不同的职业、不同的岗位，对于技能的要求是不同的。例如管理人员应具备的是从事管理的能力，如数量关系、判断推理、常识判断、言语理解与表达、资料分析等。同时，还要求其有一定的领导理论、办公规则、工作惯例，对时事有透彻的理解。值得注意的是，这里所要求的技能，主要表现为将知识经验转化为工作能力的程度，以及运用知识经验的程度。

因此，专业知识与专业技能相互联系、互相促进、不可分割。我们既要用理论指导实践，又要用我们的实践来促进对知识的理解。

二、大学生在专业技能学习中存在的认识误区

当前,有些大学生信奉"能力比知识更重要"这一信条,认为只要能力强,不管专业知识技能掌握得如何都能找到比较理想的工作,导致他们把大量的时间和精力用于做家教、参加社团或组织学生活动等等,而不重视专业知识的学习和专业技能的训练,把参加活动以提高能力作为主要的目标,而这是舍本求源的做法。其实,用人单位往往更愿意录用专业对口的大学生,更愿意录用专业知识精湛的大学生,如果一个大学生各门功课成绩都不佳,他将成为被淘汰的对象。有一些学生却认为,自己所学的专业不热门,找工作时没有优势。因此,他们在校期间热衷于学外语、计算机等热门专业,考取各种证书,忽视了对自己所学专业的理论知识的学习,这是不能够从全面发展来要求自身。

这些误区直接导致大学生对自己专业学习思想不稳定,产生迷茫、困惑、烦躁的情绪,给专业知识的学习造成了极大的障碍,不利于大学生沉下心来打好专业知识的基础。大学生就业后应是相关职业领域的高级专门人才,如果没有深厚的专业知识功底和过硬的实践能力,也就不称其为专门人才。尽管在就业过程中会出现专业不对口的现象,专业知识仍然是从业者具备的隐性优势。

因此,已步入大学校园的大学生需要:①理性思考自己所学的专业,坚定专业方向,调动自己的学习热情,树立积极正确的专业学习思想,避免出现认识上的误区。②大学生要努力适应大学阶段学习方式、方法和环境的改变,积极寻找适合自己的学习方法,尽快进入专业知识的学习。

只要拥有丰富的专业知识及相关能力,在任何领域都可以成就一番事业。

三、培养和提高专业技能的主要途径

(一)重视课堂学习

课堂学习是指在课堂听取教师对知识的讲解、观察教师对技能的演示,从而进行理解、掌握,进而形成自己的知识和技能。

课堂是大学生进行专业技能学习的主要场所。授课教师本身掌握了扎实的学科专业知识,在授课前进行准备、参阅大量相关的资料和知识,将其浓缩在一堂课的讲授中,信息量非常大,而且教师在教学实践中积累了丰富的经验,了解大学生的学习心理和规律,这些都保证了老师能用科学的教学原则和教学方法,把人类总结出来的知识高效率地传授给学生,并巧妙地培养学生的各种能力,因此课堂学习是不可代替的学习的基本方式。课堂学习是一种高效率获取知识的学习途径,大学生应该重视课堂学习,课前做好预习,课中集中精力听课,课后注意复习和扩展性、关联性阅读。而且课堂学习是一种集体学习,尤其在师生互动交流的过程中,还可以激发参与者的积极性和创造力,产生智慧的碰撞和火花,这是靠个体

自学不可能达到的效果。因此,大学生要学会将课堂学习和自学结合起来,提高自己的学习效率。

(二)培养和增强对专业的兴趣

兴趣是最好的老师,每个人都会对自己感兴趣的事物给予优先的注意和积极的探索,表现出自觉自愿,并从中感到愉悦、放松和乐趣。当人们对某个问题感兴趣时,就会促使他经常和主动感知、思索这方面的问题或现象,并努力进行观察和研究,排除一切困难去积极从事相关活动。兴趣能使人思想活跃、观察敏锐、注意力持久恒定,从而促进灵感的出现和创造性思维的产生。以下是培养和增强兴趣的方法:

1. 积极期望

积极期望就是从改善自身的心理状态入手,对自己选择的学科专业充满信心,相信该学科专业是极富趣味的。这样,想象中的"兴趣"会推动自己去认真学习该学科专业的知识,从而导致对此学科专业真正感兴趣。

2. 要有目标意识

目标不仅是提供行为的指南,而且对维护个人身心的稳定能够发挥积极的作用。大学生首先要有明确属于自己的学习目的,自觉地对所学的专业知识设定一个恰当的追求目标。然后将终极目标分解为各个阶段的小目标,并为每一步的目标制定恰当的完成计划和可操作性强的实现步骤,再列出达到每一阶段目标的时间表。同时,要在行动中不断反思,及时纠正努力的方向和达到目标的方法,确保计划的可实现性,确保每一步都是离目标更近,确保自己的学习和努力更有效率。这种不断进步的成绩会不断提高一个人的专业兴趣。

3. 培养自我成就感,进而培养直接的学习兴趣

在专业学习的过程中,每取得一个小的成功,就进行自我奖赏。达到什么目标,就给自己什么奖励。如有小进步就奖励自己吃一顿好吃的东西等,有大进步则奖励自己周末旅游等。这样通过渐次奖励来巩固自己的专业学习行为,有助于产生自我成就感,不知不觉就会建立起对专业的直接兴趣。

4. 在解决问题的过程中增强对专业的兴趣

用学得的专业知识解决实际问题,一是能巩固专业知识,二是能检验和修正所学的知识,三是能体现自身的社会价值,并带来自我实现的愉悦情绪。这种愉悦情绪可以增强一个人对专业知识的学习兴趣,进而更加喜欢该学科专业。

(三)不断拓展和优化知识结构

现代社会是信息社会,前沿知识和信息瞬息万变。各类职业都要求从业者能够及时把握本领域和相关领域的专业动态,要能迅速自觉获取反映当今科学技术发展状况的新知识、新信息,自觉地对自己的专业知识结构进行优化,适应不断变化的环境对职业提出的新要求。

一个人在学校求学阶段获取的知识只是一生中所需知识的一小部分,随着形势的发展、个人经历的变化、教育环境的改变,大学生应该自动地补充、更新专业知识和相关知识,不断完善自己的知识结构,随时进行新知识的储备。

(四)参加课外业余培训学习

很多大学生往往会感到自身现有的知识不能很好地帮助其实现顺利就业和职业的发展,而学校又没有相关的资源可以利用。这个时候,我们可以利用业余时间去参加社会上一些培训机构举办的相关技能的培训,从而获得自己迫切需要的专业技能。这在目前是一种很实用地获得职业技能的途径,而且在获得技能的同时,还能获得相关部门颁发的资格证书,为职业的发展提供一些硬件条件,为职业生涯的发展增加一些助力。

(五)提高实践能力

"纸上得来终觉浅,绝知此事要躬行。"实践能力是能够准确地把握事物的本质,有效地利用资源,及时地提出解决问题的意见,制订并实践解决问题的方案,并适时进行调整和改进,使问题得到解决的能力。

实践能力是大学生所掌握的专业知识在实践中的具体运用,专业知识学习的好坏直接影响到大学生在解决实际问题时的能力强弱。实践能力是从事各种职业活动都需要的一种社会能力,现在企业非常看重大学生的社会阅历和实践经验。河南省人才交流中心副主任认为,实践能力是人才的核心能力之一。他举例说:在我国大中小型企业的管理者中,严格地说,有90%的人没有本科学历,但他们能够胜任企业主管一职,就是因为他们有丰富的实践经验。

在毕业生中,有一些学生就是由于专业实践能力差而与自己心仪的就业岗位失之交臂。比如,有的毕业生虽然考过了英语四级,但却是"哑巴"英语,根本无法与外宾交流;有的毕业生虽然拿到了计算机二级证书,但却不会使用 Excel、Flash 等办公软件。实践能力的缺失将严重阻碍大学生专业技能的施展与发挥。以下几种方式,有助于大学生提高实践能力:

1. 积极争取和充分利用各种实习机会,选择与职业目标相对应的行业及岗位实习

目前,很多高校已经开始重视对大学生实践能力的培养,纷纷在校外设立实习基地。实习基地的运行模式一般是产学结合,企业与高校在人才培养、科学研究、项目开发、资源共享等方面达成互惠互利的合作和交流关系。

实习基地的建立给大学生提供了接触社会生产第一线的机会,用见习、实习的方式让学生身处真实的社会工作环境,进行准工作人员的能力锻炼。实践证明,让大学生参与生产实践,有利于其真正了解和认识岗位的性质和工作的内容,促进大学生自觉地将知识应用于实践,并切实掌握专业技术。另外,长期系统的实习锻炼,还能够提高大学生的综合素质。

除了学校建立的实习基地之外,大学生还可以自觉结合自己的职业目标主动寻找一些

实习岗位。大部分企业都愿意给即将毕业的大学生提供实习机会，通过实习可以加深用人单位和准毕业生之间的相互了解，大学生应该充分利用这样的机会，为顺利就业打下基础。

2. 参加校内外兼职或者勤工助学活动

在安排和分配好学习任务和工作时间的前提下，参加校内外各种形式的兼职可以帮助大学生提高实践能力。校内兼职比如在学校实验室担任教辅工作，在办公室承担行政助管工作等；校外的兼职一般是临时促销员、代课和家庭教师等。旅游专业的学生可以从事兼职导游工作，高年级学生可以从事兼职辅导员，艺术类专业的学生可以参加一些文艺演出等等，这些不仅能够缓解经济压力，而且能够在对专业知识的运用中提高自己的实践能力。

3. 参加社区服务工作

在欧美国家，社会服务是学生的必修课，不仅要记录学分，而且在一些特殊专业中，如果没有社会服务的记录就不能取得从业资格。我国的大学生也可以通过参加社区服务工作或者通过做义工的方式来认识社会，这些活动对帮助大学生树立积极的人生观、价值观，提高大学生实践能力有着不可替代的重要作用。

不同的学科专业、不同的职业类型对从业者有着不同的实践能力的要求。因此，大学生在校期间应该根据自己的特点、兴趣、职业目标等来精心选择和参与各种各样不同类型的实践活动，在实践中灵活运用专业知识，锻炼、提高自己的实践能力，从而获取不同维度的实践能力，最终达到提升自己拥有多种实践能力的目的。

（六）考取相应的职业资格证书

现代社会存在着许许多多的职业，大学生可以根据自己的职业目标参加相应的职业资格证书的考试。国家劳动和社会保障部已经对几百个工种（职业）实行就业准入。通过实行就业准入控制，推行职业资格证书制度，职业技能鉴定机构综合运用多种考试和实际操作考核相结合，全面考核劳动者的职业技能。职业资格证书是劳动者求职、任职和开业的资格凭证，是用人单位聘用劳动者的主要依据。目前全国每年大约有600万人参加近千种职业资格考核，累计已有3800万人取得了职业资格证书。

第二节　通用技能

高等教育的任务是培养具有创新精神、创新能力和可持续发展的应用性专门人才。高校要达到这样的培养目标，一方面要使大学生拥有专业技能；另一方面要使大学生拥有通用技能。在某种层次上，通用技能也反映一个人实际能力的高低，一名优秀的大学毕业生，除了掌握好扎实的专业技能外，更要不断地加强自己通用技能的培养，这样才能在求职择业过程中取得成功。

一、通用技能概述

（一）通用技能的含义

通用技能是相对于专业技能而言的。顾名思义，就是"通用性"的技能，对于各种职业而言，这种技能都是适用的，能随着个体工作的变化而同时被迁移到新的工作当中，并能很快地发挥作用。通用技能不是针对某一具体的职业，而是从事任何职业的人要想取得成功都必须具备的能力，是一种超越具体职业、对人的终身发展发挥重大作用的能力；是人们在教育或工作等各种不同的环境中培养出来的可迁移的、从事任何职业都必不可少的跨职业的技能。该技能可以提高人们工作的效率及灵活性、适应性和机动性，是个人获得就业机会、事业发展的重要保障。

（二）通用技能与专业技能的异同

通用技能与专业技能是两个完全不同的概念。专业技能受到工作性质的限制，一门专门的技能可能只有一个单位或是一类行业需要，只能适用于特定的岗位要求，个体离开这个特定的工作岗位，这项技能可能就没有其发挥的空间了。如网络维护，离开互联网就没有其用武之地，因此它的可迁移性很小，很难被个体带到新的工作岗位中去发挥作用。

通用技能则是个体各种能力的综合体现，这种综合的技能既是个体能够顺利就业的基本前提，也是个体在工作过程中与他人友好相处，充分利用工作资源，保持持续劳动力，获取更大竞争优势，有效维持就业的前提，更是个体在需要的时候重新获得就业的有力保证。

二、通用技能的特征

对大学生而言，通用技能是在校学习期间，学到的所有知识的构成和体现方式，它是一个由许多知识面构成的有序列、有层次的整体知识架构体系，且具有其独特的特征。

（一）整体性

整体性体现的是通用技能内在的逻辑联系和必然性。通用技能的内在结构和体系，由浅入深，由表及里，由个别到一般，这些原理都符合学习知识的过程，而好高骛远、脱离实际地追求技能的精进只能是一种幻想。

（二）相关性

通用技能的相互依赖、相互牵连的内在本质特点体现了其相关性。所有的技能都不是孤立和分散的，一门技能总是和其他的技能有着或多或少，或深或浅的联系，从而构成了技能之间相互影响、相互促进的互动态势。例如，良好的表达能力是沟通的前提，而表达和沟通又是团队合作的基础。建立自己合理的通用技能结构，必须按照互相影响、互相依赖、互相促进的特征去组合、去建设，要按照自己的人生目标、工作性质的相关要求去学习掌握，而不是按照个人的喜好片面地追求某一单方面的技能。

（三）迁移渗透性

迁移渗透性体现的是通用技能的相互交叉、相互派生的特征。技能不是孤立分散的，相近相关的技能不仅可以互相促进，而且在一定情况下也可以相互转化和派生。尤其是随着新的科学方法和思维观念的出现，技能之间的相互渗透、相互迁移日益增多，交叉学科、边缘学科大量涌现，马克思预言的自然科学奔向社会科学的洪流已经成为现实。

（四）动态性

动态性体现的是通用技能的发展规律，所谓"活到老，学到老"，就是对通用技能动态性特征最通俗的注释。处于信息时代，知识的更新越加频繁，一个人去年建立的技能结构，如果今年不去充实更新，他的价值就会降低。只有用动态性原则要求自己，不断在旧有的技能结构中充实新的内容，才能把握更多的机会。

三、九种重要的通用技能

从某种意义上说，通用技能的培养与我们通常所说的素质教育有异曲同工之妙，只是通用技能具有职业教育的特点。通用技能的内涵界定偏重于技能型，它既包括综合职业能力的要求，也包括素质教育的部分要求。

根据我国人力资源研究成果的总结，通用技能大体上可包括以下九个方面的重要内容。

（一）职业道德

职业道德是人们在一定的职业活动中应遵循的、体现一定职业特点的职业行为准则和规范，也是一个人的爱岗敬业意识，是做好岗位工作的根本和思想保证，是专业技能的灵魂，是通用技能的精神支柱。

齐鲁晚报报道过这样一则新闻：一位公共汽车司机在行车途中突发心脏病猝死，临死前他用最后的力气踩住了刹车，保证了车上十几名乘客的安全，然后他趴在方向盘上离开了人世。他生命的最后举动，体现了高尚的职业道德。

在现代社会中，职业道德通过社会舆论和内心信念，弃恶扬善，形成巨大的精神力量。一个人的成功固然需要专业的知识和技能，然而，对于自己所从事的工作如果没有良好的职业道德，即使再聪明的人也会与成功失之交臂。只有德才兼备的人才能在职场畅行无阻，并且走到哪里都能受到别人的欢迎和赞许。因此，无论任何人，只要他想成就一番事业，就应当具备良好的职业道德。一句话，成功离不开职业道德，职业道德是事业成功的必要条件。

（二）自我学习能力

自我学习就是对新知识、新技能的求知和钻研。大学生在学习和实践过程中遇到的问题，对其进行独立解决时所体现的就是自我学习能力。这种能力在校期间的表现尚不明显，但在职业环境中，自我学习能力是员工适应环境，发展自我的必备条件。自我学习能力以终身学习为特点，以各种学习方法和良好的学习习惯为手段，以学会学习为最终目标。

自我学习能力是人们在学习、工作及日常生活中必须具备的能力，也是动态衡量人才质量高低的一个尺度。现代社会对人的学习能力要求越来越高，应届大学毕业生基本上都要经过系统培训才能具备直接进行业务操作的能力。因此，是否具备良好的学习能力和强烈的求知欲望是用人单位十分重视的，往往也是应聘时用人单位要重点考察的内容之一。

所以，大学生既要培养自己"闻一知十"、"举一反三"的能力，也要培养在学习和工作中自我归纳、总结，找出自己的强项和弱项，不断进行知识更新和适时进行自我调整的能力。

（三）表达沟通能力

表达沟通能力是通过听说读写等思维载体，利用演讲、会见、对话、讨论、信件等方式将个人思想、观点、意见，顺畅地用语言或文字准确、恰当地表达出来，促使对方接受自己的能力。

表达能力包括语言表达能力和文字表达能力，这是大学生必须具备的基本能力。作为人与人之间最主要的交流工具，在日常学习、工作和生活中，语言和文字所起的作用不可替代。能够用准确、流畅的语言讲述事实，表达观点，能够撰写计划、总结、调查报告、公函等文书，这是用人单位对大学生表达能力的基本要求。大学生可以通过日常训练、参加专门的培训等方式来提高自己的表达能力。

沟通就是信息的传递和理解。沟通技能包括听、说、读、写多种技能。沟通的形式多种多样，最主要的方式是语言沟通，包括口头的和书面的。除了语言以外，非语言方式也是沟通的重要组成部分。非语言沟通也常常被称为身体语言，包括衣着、表情、神态、姿势、动作、距离等。例如参加婚礼着装鲜艳，能体现喜庆气氛；参加面试着装整齐、得体，会给考官留下良好的印象。这样就准确、高效地将信息传递给信息的接收方，并能正确理解对方的信息，这是大学生就业必须具备的能力要求。

（四）人际交往能力

人际交往是指人们为了相互传递信息、交换意见、表达情感和需要等目的，运用语言、行为等方式而进行的人际联系和人际接触的过程，即通常所说的人际关系。人在交往的过程中，逐步学到了社会生活所必需的知识、技能、态度等，摆脱了以自我为中心的倾向，意识到集体和社会的存在，学会平等相处和公平竞争，通过交往建立良好的人际关系后，使互相拥有的知识、信息得以传播和增值。对于正在学习、成长中的大学生来说，良好的人际交往能力不仅是适应大学生活的需要，更是将来适应社会的需要。

马克思说：人是各种社会关系的总和。人际交往是人与人、人与社会之间的一个纽带，也是人类共同的心理追求，良好的人际交往就是一个人内在素质的体现。一个人思想品德和道德修养往往体现在人际交往之中，别人也往往根据这些表现对一个人做出评价。在人际交往中自信友善、真诚稳重、谦虚谨慎、宽容豁达，真诚地关心别人，为别人服务，使用文明礼貌的用语，避免飞短流长，克服自我夸耀和嫉妒心理，寻找与他人的共同点及谈论他人感兴趣的事情都可以增强人际吸引的力量。

一个人心情愉快，利人利己，与人相处融洽，自然会赢得他人的信任和帮助。扩大与社会的联系面，掌握更多的社会资源，进而有助于个人目标的顺利实现。因此，在其他条件相同的情况下，用人单位往往更愿意接收人际交往能力强的员工。

（五）解决问题能力

解决问题的能力是通过已掌握的知识、技能，进行分析、判断，最后在实践中克服当前的障碍，化解矛盾，完成任务的能力。

解决问题的能力所采用的技术和方法没有特别的限定，以最终解决问题为目的，是从事各种职业活动都需要掌握的一种社会能力。这种能力是对理论和技能的综合运用，并具有自我分析、判断的能力，其最终表现为任务的完成，是显性的，但能力的形成过程，是一种内化、一种沉淀，是隐性的，也是实践能力形成的关键。

（六）创新能力

所谓创新，是指在活动中，在事物原来的基础上，为改变事物现状，通过自身努力，创造性地提出新的发现、发明或者改进革新方案。创新能力是善于运用已有的知识，以创新思维和技法来开拓新领域，以推动事物不断发展的能力，它是从事各种职业都特别需要的一种方法能力。

创新是现代社会发展的生命力所在，是智慧人生的源泉，也是大学生形成自身竞争力的重要支撑，对个人良好人格和素质的形成与发展起到重要作用。创新能力的高低与知识不一定成正比，关键是看人怎样去运用已经掌握的知识。

在竞争激烈、瞬息万变的时代，大学生应当学会创新学习，才能在知识经济社会中敏锐地接受新知识，创新生活。大学生除了在所学专业领域提升自我以外，还要善于在非专业领域提升自己的新见解、新思路、新创意的能力。

（七）团队合作能力

团队合作能力是在实际工作中，为达到既定目标，充分理解组织结构、个人职责，并在此基础上与他人相互协调配合的能力。它表现为个人善于与团队其他人沟通协调，能扮演适当角色，勇于承担责任，乐于助人，保持团队的融洽等等，是个人在工作中与同事和谐共事的能力。

现代社会经济发展的速度越来越快，社会分工越来越细，成员之间的关系越来越密切，无论是个人还是单位，都需要在协作中发展，相互配合。目前，越来越多的单位意识到团队合作精神的重要性，特别是规模宏大的知名企业往往更加重视员工的团队意识和合作精神，除了平时工作中培养员工的团队合作能力，还有计划地进行野外拓展训练，以提升员工的团队合作能力。

（八）组织管理能力

组织管理是指成功地运用管理者的知识和能力影响工作的活动，并达到最佳的工作目标。现代科学技术已经综合化、社会化，协作趋势日益增强，大到一个公司，小到一个团队，其活动过程都在相互支持与协作，这就出现了组织管理和协调的问题，也就势必要求组织者要具有一定的组织管理能力。组织管理水平的高低，已经成为一项工作、一个单位工作完成好坏的重要因素。

很多招聘单位面试后常有"无领导小组讨论""角色扮演"等情景测试，这就是对应试者的组织管理能力的考验。曾有一位普通院校毕业生，与一个重点院校毕业生和一个研究生同场竞争，在最后的测试环节中普通院校大学生胜出，就是胜在组织管理能力上。在那场"测试"中，组织者没有告诉三个应聘者会采取怎么样的方式测试，只是告诉他们，经理一会儿就来，咱们先随意坐着聊点什么。在"闲聊"的过程中，这个普通院校毕业的大学生由于平时参加的社会活动多，经常承担组织管理者的角色，"闲聊"中自然而然地引领着其他两人的话题。当经理出现时，公布录用结果的时候也就到了。

因此，组织管理能力强的人具有对人心的把握与引导能力，容易对他人有影响力，往往工作有较强的主动性，所以更具有发展潜力和培养价值。

（九）应变能力

应变能力就是善于根据客观情况的变化及时反馈、随机应变地进行调节的能力。应变能力也可以理解为处理突发事件的能力，在紧急情况下，如果事态得不到迅速控制，后果可能不堪设想。这就要求应对者具有一定的应变能力，要临危不乱和快速决断。

应变能力常常会体现在工作中，当碰到和同事争执、生产经营失误和生产事故发生等情况时，应变能力发挥着至关重要的作用。事后的措施、想法再完美也无多大利用价值，应变能力体现在能否及时将问题处理妥当。

现代社会复杂多变，大学生必须要适应这种变化，保证自己从学校到社会的顺利过渡，提高自己的社会适应能力。大学生走上具体工作岗位以后，有些知识用不上，有些知识不够用，很多的要从头学起，这就需要刚走向社会的毕业生，根据工作的需要去调整自己的知识结构、能力结构以及行为方式，尽快地培养适应社会的能力。

通用技能所包含的内容很多，除了以上陈述的之外，还包括计算机操作、外语的应用等等。用人单位对大学毕业生的通用技能越来越重视,要求越来越高,表现出一种重视综合素质,而非仅考虑某种素质的趋势。

四、培养和提高大学生通用技能的主要途径

大学生要想在未来的社会中更好地生存和发展,一定要进一步完善自我,树立正确的学习观和就业观,学会关心集体,乐于奉献,增强团队合作意识;要踏实肯干,诚实守信,增强艰苦创业的意识;要积极参加社会实践,增加社会阅历,多方面地去培养、发展、提高自己的通用技能。具体来说,大学生培养和提高通用技能的途径有以下几种:

(一)充分利用学校的课程安排

一般来说,大学课程安排都强调知识的广博与精深,因此只有遵循大学教学规律,学好大学课程,才能保证大学生既有扎实的基础知识,又学有专长,从而建立起合理的专业技能和通用技能结构。大学课程分为三类:必修课、选修课和辅修课。必修课是学习专业知识、接受专业训练、成为专业人才所必须要学习的课程;选修课是大学生根据个人的兴趣爱好选择学习的课程;辅修课是针对学有余力的大学生开设的课程。大学生应充分利用学校的课堂资源,积极参与课程学习,从而积累系统、全面的专业技能和相关知识。同时,利用课余时间进行知识"反刍",根据自身记忆、个人理解和以前的知识积累,进行加工、整理,对新旧知识进行组合联系,形成新的知识技能,构建自己最优的专业技能和通用技能结构。

(二)积极参加校园文化活动

校园文化活动是教学计划之外,引导和组织学生开展的各种有意义的、健康的文化活动。它包括政治性、学术性、知识性、体育性、娱乐性和公益性的活动。大学生积极参加校园文化活动,可以学到许多课堂上无法学到的知识与技能。如校园内形式多样、内容各异的学术讲座、学术报告会以及学术交流活动,既有助于大学生专业知识结构的文理交融,拓宽知识面,又有助于激发大学生的学习兴趣,积极探讨有关问题。量子力学的创始人之一海森堡,在学生时代就喜欢参加学术中心的活动,受到著名科学大师玻尔·波恩等的学术思想的熏陶,深入研究他感兴趣的问题,结果在他 24 岁时就创立了量子力学的矩阵模型。科学艺术修养是知识结构中的重要组成部分,是人类文化的两翼。参加校园各种艺术活动有助于提高大学生的艺术修养,培养和发展创造力与想象力,有助于优化大学生自身的知识技能结构,从而进一步充实和提高大学生自身的通用技能。

(三)广泛参与社会实践

在理论与实践的天平上忽视或缺失任何一个方面,都会导致知识技能结构的倾斜。缺乏理论指导的实践是盲目的,而缺乏实践的理论又是空洞的。合理的知识技能结构不仅是理论知识的有效积累,而且是实践经验的结晶。因此,当代大学生应深入社会,积极参加社

会实践,增加社会阅历,提高工作能力,吸取前人的经验知识,理论联系实际,在实践中不断增长才干,从而完善自己的知识技能结构。目前,许多用人单位往往都要求求职者具备相应的工作经验。大学生可以利用毕业实习、假期见习和双休日、节假日以及寒暑假,积极参加社会实践。这样不仅可以最大限度地利用资源,且能在最短的时间内学到有用的职业知识和通用技能。

(四)利用互联网等媒体学习和获得

当代科学处于发展变化之中,单纯的教材所能提供的知识技能容量和视野毕竟有限,作为印刷体,很难及时反映本学科领域的最新成果和发展。大量购买书籍往往也超出大多数学生的经济承受能力,随着信息技术的发展,我们能够在大学教育中利用多种媒体,如电视、光盘、互联网等,多渠道地获取知识和技能。不同媒体有不同的时效性,将它们科学地结合起来,就能够向大学生传递丰富的知识技能和最新的信息资料。对于数字型媒体所提供的资料信息,通过检索手段能够提高查找定位能力,提高查找效率,广泛地学习和获取各种专业的和通用的知识技能。

培养和提高大学生通用技能是一个系统工程,需要社会、高校和学生三方共同努力。社会创造良好的就业环境是培养和提高大学生通用技能的保证,高校面向市场不断提高人才培养质量是提高大学生通用技能的主要渠道,大学生进一步完善自我是提高通用技能的关键。只有多方形成合力,才能切实提高大学生的通用技能,最终促使大学生顺利就业,促进社会稳定和谐。

第三节　个人素质

即将奔赴职场的大学生除了具备良好的专业技能和通用技能外,良好的个人素质也是不可或缺的。一些大学毕业生在求职时,常因为个人素质的问题而与大好机会失之交臂。因此,大学生要加强自身各方面的修养,提升个人素质,进而增强择业就业能力,使自己在求职过程中立于不败之地。

一、个人素质的基本内涵

个人素质有广义和狭义之分。从广义上说,个人素质指的是一个人的综合素质,即一个人在阅读积累、基础知识、心理水平、个性品德和实际操作能力等方面的整体素养和能力,它包括思想道德素质、专业素质、文化素质与身心素质等多个方面。从狭义上说,个人素质指的是一个人的基本品质与品性,如诚信、主动、自觉自律、谦虚执着、勤奋、自我管理、自信和责任心等。在此,我们主要从狭义的角度来讨论如何提升一个人素质的问题。

二、个人素质的基本特征

（一）内在性

素质是人的品质特征的深层蕴藏，人的行为就是某种素质的外在表现。在一般情况下并不具有明显的特点。有些大学生"藏而不露"，平时并未发现他有什么特长，但如果给他一个适当表现的舞台，他的某种特长就会显露出来，并有不凡的身手，引得周围同学赞叹不已。内在性是素质的最基本特征。

（二）稳定性

人的素质是相对稳定的，是以某种机能系统或结构形式在个体内部固定下来的概括化的东西，没有特殊原因不会自动丧失。而那些不稳定的，只是在某种特定条件下才会有所表现的部分不能称之为素质。

（三）发展性

人的素质是可以通过环境和教育的影响，特别是通过个体的努力改进的。人从少年到青年，青年到壮年，随着年龄的增长，适应社会的能力增强，通过学校、家庭等教育及周围环境的影响，可以使自身素质得到相应的提高。当然，在这个过程中个体努力是最重要的，通过自身刻苦学习、努力锻炼，可以掌握更多的知识，发展多种技能，提高自身综合素质。

（四）潜在性

素质也指人的生理、心理特点，带有一定的遗传性。因此，人本身蕴藏着许多尚未开发出来的身心潜能，它是以人的内能形式存在的，是人的品质、才干形成并发挥作用的内在渊源。大学生在日常学习和工作中要注意开发自己的潜能，大胆尝试，你可能会因为有先天的"音乐细胞"，而成为一名音乐家。

（五）综合性

人的素质是一种复杂的现实身心能量的整合，而不是指某一具体方面。其结构是构成素质的各要素之间具有相互作用、相互制约关系的完整、协调的统一体。人的素质水平是一种综合效应，仅仅依据个体某一方面的素质状况，是不足以断定其素质水平的，所以我们强调的是大学生全面发展，综合素质的提高。

三、求职中应具备的几种重要的个人素质

（一）诚信

诚，即真诚、诚实；信，即守承诺、讲信用。诚信的基本含义是守诺、践约和无欺。诚信是一切道德的基础和根本，是一个社会赖以生存和发展的基石，是社会主义社会调节个人与社会、个人与个人之间相互关系的基本道德规范，也是社会公德和职业道德中的基本准则。就个人而言，诚信是高尚的人格力量；就企业而言，诚信是宝贵的无形资产；就社会而言，诚信是维持正常的生产生活秩序必不可少的因素；就国家而言，诚信是良好的国际形象。诚信是道德范畴和制度范畴的统一，个人的人品如何直接决定了这个人对于社会的价值。而在与人品相关的各种因素之中，诚信又是最为重要的一点。微软公司在用人时非常强调诚信，当列出对员工期望的"核心价值观"时，诚信被列为第一位。

（二）主动

主动指不受外力推动而行动。由于受中国传统文化的影响，中国的学生和职员大多属于比较内向的类型，在学习和工作中还不够主动。在学习中，学生们往往需要老师安排学习任务；在公司里，中国职员常常要等老板吩咐做什么事、怎么做之后，才开始工作。但是，要想在求职和职业中获得成功，就必须努力培养自己的主动意识：在工作中要勇于承担责任，主动为自己设定工作目标，并不断改进方式和方法。"机不可失，时不再来"，只有积极主动的人才能在瞬息万变的竞争环境中获得成功，只有善于展示自己的人才能在工作中获得更多的机会。

（三）自觉自律

自觉是指大学生要客观辩证地认识自己、认识他人和社会，同时要认识自己与他人和社会的关系。古语云，人贵有自知之明。社会生活中的每个人都应当对自己的素质、潜能、特长、缺陷和经验等各种基本能力有一个清醒的认识，要认识到人是社会中的人，尊重他人、博采众长，才能逐渐完善自身，对自己在社会工作生活中扮演的角色有一个明确的定位。

一个人既不能对自己的能力判断过高，也不能轻易低估自己的潜能。对自己判断过高的人往往容易浮躁、冒进，不善于和他人合作。在遭到挫折时心理落差较大，难以平静对待客观事实。低估了自己的能力的人，则会在工作中畏首畏尾、犹豫不决，没有承担责任和肩负重担的勇气，缺乏工作的积极性。有自知之明的人既能够在他人面前展示自己的特长，也不会刻意掩盖自己的欠缺。坦诚自己的不足而向他人求教可以表示出自己的虚心和自信，赢得他人的尊重与青睐。有自知之明的人在遇到挫折的时候不会轻言失败，在取得成绩时也不会沾沾自喜。认识自我，准确定位自我价值的能力可以帮助个人找到自己合适的职场空间及发展方向，有自知之明的人让别人感觉他是一个自信、谦虚、真诚的人。

自律指的是自我控制和自我调整的能力。这包括：将合理合法的社会规范内化到自己心中，并体现在自己日常的行为中。自我控制不安定的情绪或冲动，在压力面前保持清晰的头脑。英国思想家罗斯金说："适当的克制，它们毕竟不是束缚手脚的锁链，而是护身的铠甲……克制使得人类引以为荣。"先哲们用克制肯定了自律的可贵之处。自律也必须建立在诚信的基础上，为了表现所谓的"自律"而在他人面前粉饰、遮掩自己的缺点，刻意表演的做法是非常不可取的。只有在赢得他人信任的基础上，严于律己、宽以待人，才能真正获得他人的尊重和赞许。

（四）谦虚执着

谦虚指不自满，肯接受批评，并且虚心向他人请教。有真才实学的人往往虚怀若谷，谦虚谨慎，而不学无术、一知半解的人，却常常骄傲自大，自以为是。谦虚是一种美德，是进取和成功的必要前提。目前，不少大学生在生活中刚愎自用，不能听取他人的建议，无法容忍他人和自己意见相左，这些不懂得谦虚谨慎的同学也许可以取得暂时的成功，但却无法在人生的事业上不断进步。因为一个人的力量终究有限，在瞬息万变的当今世界，个人必须不断学习，善于综合并吸取他人的建设性的意见，否则就将陷入一意孤行的泥潭。世界计算机行业巨头比尔·盖茨就是一个非常谦虚的人，他在每一次演讲结束后，会请撰写演讲稿的人分析一下他的演讲有哪些不足之处，以便下一次改进，正是这种品质和行为成就了他事业的辉煌。

执着是指坚持正确方向，矢志不移的决心和意志。无论是个人也好，还是集体也好，一旦认明了正确的工作方向，就必须在该方向的指引下锲而不舍地努力工作。在工作中轻言放弃或者朝三暮四的做法都不能取得真正的成功。成功者需要有足够的勇气来面对挑战，任何事业上的成就都不是轻易就可以取得的。一个人想要在工作中出类拔萃，就必须面对各种各样的艰难险阻，必须正视事业上的挫折和失败。只有那些谦虚执着，有勇气迎接挑战的人才能真正实现超越自我，达到卓越的境界。

（五）责任心

责任心是指个人对自己的义务和责任的自觉意识和积极履行的行为倾向。它意味着个人对待工作、家庭、自我、他人、社会乃至整个人类社会的负责态度和奉献精神，它总是体现在人们的社会生活和工作行为活动中。一个人有了责任心，他就会去主动地关心帮助他人，对他人负责，就会忘我地投入到工作中去，就会在学习和工作中严于律己，对自己的行为负责，使自己不断完善，不断成熟。

列夫·托尔斯泰说过：一个人若没有热情，他将一事无成，而热情的基点正是责任心。社会学家曾对500名天才儿童做过跟踪调查研究，35年后发现其中30%的人并没有什么成就，其差别并不是在于智力，而是是否有强烈的责任心和专一进取的品质。很明显，责任心的强弱影响一个人事业的成败。这是为什么？因为责任心是一种重要的非智力因素，具有动力功能，能推动个体主动把外部的任务目标内化为自己的行动目标。具有维持和调节个体行为，调节个体的心理功能，克服困难、坚持不懈，从而不断引导个体趋向目标，这样个体的心理才会向健康美好的方向发展。一个没有责任感、没有价值感的人，因为找不到生命的支点，便会感到迷惘，从而失去创造成就的动力，容易为其他一些物质性的、轻浮的事物所吸引，甚至沉溺其中难以自拔。一个缺乏责任心或责任心不强的人，往往意识不到自己做人、做事的责任，从而造成人格上的缺陷。用人单位在招聘大学生时，对责任心是很重视的，往往通过各种方式、方法考察一个人的责任意识。

（六）自信

自信指相信自己，是自我意识中的重要组成部分，是心理健康的一种表现，是学习、职业成功的有利心理条件。自信的人能以自己的实际能力接受来自心理和社会的压力和挑战，并体现为沉着、冷静的情绪。在工作、学习、求职的过程中，一个人应勇敢地说出和实施自己的想法和主张，尽可能地积极影响同学、同事、上级和工作对象，创造各种有利机会，赢得职场的成功。

（七）勤奋

通俗地说，勤奋就是不辞辛劳、不知疲倦地做事。这种勤奋是自觉自愿的，不是外部力量驱使的。其实，大学生都明白，做任何事情都不可能一蹴而就，学业也好，事业也好，要达到自己的奋斗目标，都必须付出艰苦的劳动，进行不懈的努力，克服各种各样的困难。当然，勤奋不等于一天从早到晚忙得昏头昏脑，不等于搞疲劳战术，应勤而有序，勤而有得，有效地利用学习和工作时间，扎实勤奋地学习和工作。

（八）自我管理

自我管理是具有自我意识、自主意识和能力的个人，在正确认知自己的前提下，通过合理的自我设计、学习和协调等环节，以个人的自我实现和全面发展为目标的管理实践活动。

自我管理是个人的一种生存方式和存在形式。个人合理地利用自己的选择权利，实现自觉地自我调节和自我控制，有效地选择和管理自己的情感、意志，客观地理解他人，正确地处理自己与他人的关系，适应瞬息万变的环境，促使自身的特点和需要与外部环境相适应。并且通过与外界交往进行有效的整体合作，将自身的力量整合成社会力量，以达到组织的整体目标。

通过自我管理，大学生对自身的行为与社会规范、要求相对照，在自我评价和自我反省的基础上，调整或修正自己的行为方式，主动积极地参与到群体（学校或单位等）的管理工作中去，并发挥其聪明才智和创造性，从而找到一个既合乎组织发展又有利于自身全面发展的平台。作为新时代的大学生，可从如下四个方面提高自我管理能力：

（1）目标管理。目标是生命的主心，偏离了主心，生命就没了意义。因此，我们应该清楚地知道自己的目标是什么,怎样达到,何时达到以及如何进行目标效果评价等。例如确立通过英语四、六级考试以及每周读一本书籍学习等目标。

（2）时间管理。时间对于每一个人来说都是有限的,只有善于管理时间的人,才能让有限的时间发挥最大效益,但并不是反对娱乐,而是反对时间的浪费。用人单位在招聘和选拔人才时,时间管理能力是一个重要的考虑因素。在某些岗位,这一能力还显得至关重要,比如营销人员、外派采购人员和经理人等,他们相对来说,自由度较大,如果缺乏时间管理能力,他们不仅会浪费很多时间,还会浪费公司很多资源。所以,用人单位经常通过组织会议、处理信件与接待来访等方面的考题来考察一个人的时间管理能力。

（3）技能管理。技能是我们的生存之本。无论是专业技能或通用技能,这些技能都是以个人能力和素质为载体的。我们应该未雨绸缪,剖析自己优势、劣势,有意识地逐步提高这些技能。

（4）金钱管理。金钱可以助人一臂之力,也可以消磨人的意志。因此,金钱是把双刃剑,我们应该把金钱看成一项管理工作,树立金钱管理意识,建立账目明细表,明确金钱的去向和投资方向,成为金钱的主人。尽可能地把金钱用于知识的获取、技能的提高上。

（九）专注

专注既是一种精神,也是一种态度,更是一种习惯。专注的人能专心致志、全神贯注,不受任何其他欲望和外界诱惑的干扰,对既定的目标和方向执着如一,不懈努力。专注的人能集中所有的资源和精力办事,专注的人能把一件事情做到底,不达目的不罢休。因此,专注是一种优秀的个人素质,大学生应具备专注的品格。保持一颗超然的平常之心,把时间、精力和智慧聚集到所要完成的重大目标和任务上。

四、提高个人素质的主要途径

时代呼唤新一代的大学生,祖国需要高素质的人才,现代社会的发展对大学生的素质提出了更高的要求。作为新时代的大学生,要想适应社会的发展,就必须努力提高大学生的综合素质,只有这样才能更好地为祖国建设贡献力量。大学生提高自身素质的主要途径有以下几方面:

（一）树立全面发展的观念

许多大学生在某一方面比较突出,可是在其他方面就相对落后。特别是一些理工院校,学术研究氛围比较浓厚,但人文社会科学方面的知识却并不丰富,所以给人的感觉是理工科院校的学生不活泼,缺乏青春的朝气。而文科院校的学生虽然知识面比较宽广,可是他们相对缺乏科学的钻研精神。因此,同学们学习时要注意文理渗透,人文类的大学生不仅要学习文学、历史和哲学等知识,更重要的是要培养一种历史感。理工类的大学生不仅要学习好本专业和相关自然科学专业的知识，更要重视广泛涉及人文社科知识。这样，它不仅可以优化我们的知识结构，还可以帮助我们在专业领域内更有创造力，使我们变得更善于深思熟虑，成为更完善的人。

（二）在日常生活中培养

在当今社会要从事某一职业，必须经过专门的职业训练，这个训练过程也就是个人素质的培养过程，这是一个长期的过程，绝非一朝一夕之功。尤其是个人思想道德行为的形成，需要在日常生活中有意识地培养自己的良好生活习惯和精神品质。因此，大学生要从小事做起，严格遵守行为规范，从自我做起，自觉养成良好习惯，以高标准、严要求来规范自己，来衡量自己的言行，来指导自己的行动。

（三）在专业学习中训练

专业学习是获得专业理论知识的基本途径，也是了解专业、了解职业及其相关职业岗位规范，培养职业意识、养成良好职业习惯的主要途径。凡事预则立，不预则废。大学生应该在专业学习和实践过程中增强职业意识，恪守职业规范，这是未来干好工作、实现人生价值的重要前提。因此，在专业学习中，大学生应重视技能训练，刻苦钻研，提高本领，不断提升个人素质。

（四）在社会实践中体验

丰富的社会实践是指导人们发展成才的基础，是实现知行统一的主要方式。社会实践是个人素质培育和发展的根本途径，个人素质的培养和良好素质的形成离不开社会实践，离开了社会实践，就无法深刻领会个人素质的内涵，也无法将职业素质和专业技能转化为造福人民、贡献社会的实际行动。因此，大学生要积极参加社会实践，培养职业情感，在专业实践中有意识地了解职业，熟悉职业，培养对职业的热爱。

（五）在自我修养中提高

自我修养是提高个人素质必不可少的手段，是形成个人素质的内在因素。自我修养的关键在于"自我努力"，其目的在于，通过自我的个人实践，培养较强的职业技能和个人素质，把个人素质的基本要求，自觉地转化为个人内心的要求和坚定的信念。这就要求大学生在日常的学习、生活和各种实践中，一定要严于解剖自己，善于认识自己，客观地看待自己，勇于正视自己的缺点，做到扬长避短，加强自我修养，不断提升自己的个人综合素质。

（六）利用校园文化陶冶

学校的教书育人工作可分为教学育人和环境育人两个部分，环境育人主要体现在校园文化建设上。校园文化是以社会主义核心价值体系为主导，以校园精神文明为底蕴，由师生员工共同创造和享有的群体文化,是一所学校的传统、作风和理想追求的综合体现。校园文化能塑造学生良好的性格和高尚的品格,校园文化影响着学生的思想品质、价值观念和生活方式的选择,具有很强的导向作用。另外,校园文化是充实学生头脑,完善学生知识结构的有效途径。同时,校园文化还能构筑和提升大学生的现代审美观念和审美能力。所以,大学生要积极参与各种有利于提高大学生科学文化素质的系列讲座,投身校园社团活动和文化艺术活动,使自己在丰富多彩的校园生活中受到陶冶,获得知识,增长才干,培养情操,开阔胸怀,增强团队意识,使大学生的个性和社会相协调,更好地发展个人的特长和兴趣。

第二章　高校学生情商的培养

人的情商不是生来就有的，而是在先天素质的基础上，通过后天的学习、培养而形成的。由于影响人的情商形成和发展的主客观因素总是在不断发展变化。所以，人的情商的形成不是一时一事，也不是一朝一夕，更不是一蹴而就，而是一个长期的过程。随着人生经历的丰富和知识经验的不断累积，一个人的情商水平也在不断地发展和提高。

第一节　影响情商形成的因素

一、家庭因素

家庭是情感习得的启蒙场所。一个人在成长过程中的自我意识，情绪控制，以及人际沟通方面最初都是以父母为榜样加以模仿和学习的。一个小孩的情感和态度的养成从父母处习得，并且在整个儿童期得到强化和巩固，进而逐步成型。父母和孩子的每一次交流都包含有情感的交流，孩子都可以从父母的表情、语气、姿势和眼神等细节处领会到其中暗含的情绪信息，无数次的交流和沟通便奠定了孩子情商（EQ）的核心与基础。家庭对一个人情商形成的影响具体来说有以下几个方面：

（一）家庭氛围

家庭氛围对培养高情商的人有着举足轻重的意义。一般而言，大多数人容易把家庭当成是情绪的宣泄场所。例如，如果一个人因工作上的失误被自己的上司训了一顿，其自尊心和自信心都受到挫折，当他回到家里以后，不由自主地对其妻子大发雷霆，理由只不过是一些鸡毛蒜皮的小事，如书柜上的尘埃没有得到清除。这些成为导火索的鸡毛蒜皮的小事，他也许熟视无睹了半个月也未曾发火。这样的处事方式，很可能使家庭气氛无法融洽。久而久之，家庭就会笼罩着一种消极的情绪氛围。无论是丈夫、妻子还是小孩，都会在这种家庭情绪氛围中感到紧张、压抑、谨慎，甚至变得神经质起来。在家里感到压抑和紧张的人，在同事间的交往也会给人一种紧张和压抑的感觉，这种感觉会堵塞本来富有效率的人际沟通网络。

家庭氛围对情商的五个部分都有微妙的，但重要的影响。儿童自我意识的形成最初是在家庭中进行的。自我意识的形成从本质上说是一种个体社会化的结果，也是个体社会化的过程。同时，儿童情商发展的其他许多部分与社会性发展都是相互重叠的概念。因此有学者认为情商不过是"社会性发展"概念的另一种表述而已。

自我激励的家庭支持是显而易见的。众所周知，"每一个成功男人的背后，都有一个伟大的女人在支持"。这句话可以换一种说法："每一个成功人士的背后，都有一个伟大的家庭在支持"。诚然，在现实生活中不难看到一些人取得成功，但其家庭却支离破碎的事例。这只能说明在这些情况下，家庭已名存实亡。更多的成功人士，不管他们是男人，还是女人，在他的身后，往往有一个幸福、和谐的家庭。没有人能否认家庭对塑造良好性格和情绪的方式控制的决定性意义。

特定的家庭氛围决定了家庭成员以什么样的方式和态度去进行人际沟通。研究表明：那些性格外向，人缘好的人，大都出自一个开放随和的家庭；而那些在人际交往上显得拘谨，退缩的人，则大多数出自一个气氛保守、封闭和压抑的家庭环境。

良好的家庭气氛不仅有助于使人具有适当的情绪反应方式，而且对家庭成员的一些高级社会性情感，如道德感、理智感、责任心等，以及生活目标的树立都有着积极的意义。事实证明：缺乏生活目标和信仰的父母，缺乏责任心和道德感的父母，很难使他们的子女成为一个坚忍不拔，能忍受挫折的杰出人才。因为没有信仰的家庭养育的子女更容易在遭受挫折时变得消沉、沮丧和颓废。没有恒定生活目标的父母也难以给孩子树立一个良好的榜样。

（二）家庭经济状况

中国有句俗语，"财大气粗"。诚然，一个家庭经济收入的改善并不意味着父母就是成功的家长，但家庭悬殊的经济地位，将使孩子面临父母不同的熏陶。对那些富裕家庭的子女来说，父母可能一心忙于事业和生意，除了给孩子提供优越的物质生活条件外，常常无暇顾及子女的心理健康和情商发展。由于大多数富裕家庭的崛起，归因于近些年来的改革开放和经济转型，仅仅在几年前还同现在那些稍嫌贫困的家庭处于同一收入水平。因此，一旦自己与周围家庭在经济上拉开差距后，获取成功后的踌躇满志往往溢于言表。孩子很容易从父母的表情、语气、动作和眼神那儿习得一种优越感，这种优越感使孩子在外面也容易不加掩饰地表现出来，在同伴面前，在同学面前，甚至在老师面前，莫不如此。其后果是：孩子滋长傲慢以后，将难以控制自己的情绪以及承受挫折情景，并且难以与周围的人进行有效和坦率的沟通。用傲慢把自己孤立在人群中的孩子，在他们成人以后，很难像自己的父母一样杰出优秀。

贫困家庭的父母，在与富裕家庭的比较中，往往容易产生自卑的心理。父母的自卑心理，会使孩子变得退缩和懦弱。贫或是富，这只能说明两个家庭在物质生活条件上的差异，可在对孩子的情商栽培上，却面对着同样的情景。一个孩子，只有学会自尊，同情别人，才可能成为一个高情商的小孩。过早地在幼小的心灵里产生恃强凌弱的习惯，缺乏同理心，那么这将很难使他在成人后学会审时度势，从他人那里获得帮助。童年时正是孩子形成社会经验的关键时期，如果父母和家庭有正确引导，必然会导致孩子在成人后的不同情绪反应。

一个退缩的孩子是没有自尊的。同样，一个缺乏同情心的孩子也是没有自尊的。无论是富裕的父母，还是贫困的父母，有一点都是可以做到的，那就是教给孩子不卑不亢，自尊爱人。做父母的应该知道,父母的成功并不能继承给子女,父母的落魄也并非注定孩子的命运。但是,父母在孩子童年时言传身教给孩子的行为模式和情绪反应模式,可以给孩子的一生打下良好的基础。教给孩子做人,着重培养他们的情商,不要把自己的傲慢和退缩的种子栽培到孩子幼小的心灵里。无论家庭的经济地位怎样,孩子们的天性都是快乐的,富裕的孩子和贫困的孩子,他们本该同样地成长。

(三)家庭教育方式

这里主要是指父母对待子女的教育方式,它与父母的职业,受教育程度及父母本身的情商水平息息相关。据有关研究表明:父母对待子女,无论是严厉惩罚还是同情谅解,是漠不关心或是关怀备至,都会给孩子的情感生活产生深远而持久的影响。父母的情感智商越高,对子女的帮助也越大。孩子十分擅长学习,他们极善于感知家庭里的情感变化,那些能妥善处理夫妻情感关系的夫妇,帮助孩子处理情绪波动的效果也最明显。

在对孩子的情感发展十分不利的管教方法中,有三种最为常见。它们是:

1. 专制压制型

在孩子闹情绪时,其父母通常都是声色俱厉地批评指责,或予以惩罚。例如,当孩子一有生气的表现,他们就加以禁止,怒气冲天地要惩罚孩子。要是孩子稍做辩解,这些父母就怒气冲冲地吼道:"你还敢顶嘴!"

2. 完全置之不理型

孩子的情绪苦恼,父母认为只不过是些鸡毛蒜皮的小事,或者是自找麻烦,采取置之不理,随它去的态度。而不是利用这个机会,增进同孩子的亲近感,或帮助孩子学会处理情感问题。

3. 过于放任自流型

这些父母注意到了孩子的情绪,但认为不管孩子怎样处理这些情绪都不错,甚至感受到伤害也没关系。像那些忽略孩子情绪的父母一样,这些父母也很少主动教孩子如何正确处理这些情绪。尽管他们有时也安抚孩子的情绪,但用的办法是给小恩小惠,只要孩子别再伤心或生气就行了。

但是,对那些高情商,民主型的父母而言,一旦他们发现孩子情绪苦恼,便因势利导,言传身教,让孩子学会处理情感问题。他们认真对待孩子的情绪,努力了解孩子苦恼的原因,帮助孩子用积极的办法安抚自己的情绪。同那些处理情感问题能力较差的父母相比,他们同子女的关系较为密切,感情较深,摩擦较少。而且,他们的子女也能较好地处理自己的情感问题,遇到苦恼时,也能较好地自我宽慰,情绪低落的时候较少。同时,他们的子女人缘较好,社交能力较强,注意力较集中,学习效果较好。总之,父母培养孩子处理情感的技巧对他们的学习和人生都有很大的好处。

此外,家庭结构和家庭观念等也对人的情商发展有重要影响。随着我国计划生育政策的推行,中国现代家庭迎来了独生子女时代,传统的棒打式教育突变成过分溺爱。一方面将孩子放任成"无法无天"的"小皇帝";另一方面,"望子成龙"心切,强迫孩子什么都学,孩子痛苦,父母也跟着受气。这样做对培养孩子的情商极为不利。事实上,中国的独生子女表现出来的懦弱、畏缩、自私和缺乏同情心,甚至焦虑、孤僻、任性等情绪障碍,已经达到触目惊心的地步。

二、学校因素

学校教育在人的发展过程中起主导作用。同样,对一个人的情商启蒙和熏陶来说,除了家庭奠定其基础之外,另一个重要的场所就是学校了。特别是现在越来越多的家庭对给孩子打下坚实的人生基础已无能为力,学校成了矫治孩子情感和社会技能缺陷的重要地方。当然,这并不能说学校就能独挑大梁,将其他社会机构都取而代之。但由于每个孩子达到学龄时都要上学念书,学校就给孩子提供了一个学习人生基本情绪技能的机会。学校给孩子们进行情绪教育时,实际上跨越了传统学校功能,承担起了社会的职责,弥补了家庭教育的不足。

(一)学校的情绪教育

学校里孩子受到的情绪教育对孩子一生的发展来说是极为重要的。事实上,我国的学校教育对情绪教育没有足够的重视。父母们和教师们都一味地注重知识技能的传授,而从根本上忽视了对孩子情商能力的培养。如前所述,心理学家的研究已反复证明,学识、聪明在人生成功里面,充其量只占20%的比例,而其他的80%则依赖于孩子情商水平的高低。可是,在我国中小学教育里,教师往往把学生分为两类:一类是正常的学生,一类是差生。差生往往是调皮、爱说话、成绩差的,很少有发言的机会,教师只要求他们不要把其他孩子带坏了。可见,差生情商的发展在小学求学期间就受到抑制,这对他们是不公平的。老师所谓的区分正常学生和差生的做法,无异于赤裸裸的歧视。而在歧视中成长的孩子,不仅学习成绩不能提高,而且心理的发展容易扭曲。

一个人从出生,一直到青年期,其心理和情商能力都是不断持续发展的。纵使一些孩子在某些时候,某些方面表现得比别的孩子差,这也完全可以通过教育,特别是情商教育来扭转,武断地对幼小学生的前途下评语,这根本就是一种伤害。心理学的研究表明,孩子的发育是不均衡的,不同的孩子在不同方面的能力上,其发展速度是不同步的,有些在这方面发展得早,而有些则在另一方面发展得快。如果学校教育只是简单地从学习成绩上衡量学生的能力和可培养前途,那么,一些在学习上稍微发展得迟的孩子就会受到无理的扼杀。

一般来说,人们容易理解并接受孩子在身体发育上面的个体差异。例如,一些孩子在小学就猛长个儿,长到一定时候就稳定了;另一些孩子直到中学还是个"矮个",青春期以后才开始往高处长。同样的道理,孩子的智力、心理和情商的发展也是这么一个过程,一些显得调皮的孩子,可能在创造性方面表现得比别的孩子出色;一些考试成绩并不出色的孩子,可能具有潜在的高情商才能。那么,怎样才能做到既鼓励孩子在学习能力上的进步,又不会压制他在其他方面的发展。也就是说,怎样才能做到既教书又育人呢? 其根本出路就在于重视情绪教育上面。

(二)教师的领导方式

领导方式是群体领导者行使权力与发挥其领导作用的行为方式。不同的领导方式,可以产生不同的社会气氛与不同的个人行为。

1939年勒温等人进行了领导方式的经典研究。他们训练三位成人分别以专断的领导方式、民主的领导方式和放任自流的领导方式与三组11岁儿童相处,要求每组儿童经历三种不同的领导方式。

1. 专制型

在这种领导方式下,成人独自提出集体的目标,制定工作步骤,给成员分配任务,对儿童严加管理,群体的一切由成人决定,儿童没有自由,而成人自己又不参与集体所从事的活动。

2. 民主型

在这种领导方式下,成人对集体的有关活动交给儿童去讨论,由大家出主意,想办法,通过集体讨论来做出决定,提出可供选择的工作分工,让集体自己分配工作,显示出集体精神。

3. 放任型

在这种领导方式下,成人只笼统说明目的,提供各种材料,但没有直接告诉应当做什么和怎样做,也不提供计划和建议,对解答问题不提供任何帮助,一切由儿童自己决定,自由活动。

研究结果表明:专制型领导方式会使学生产生较高水平的挫折,并对领导表示一定程度的反感。领导在场,纪律较好;领导不在场,纪律涣散,学习气氛低落,工作效率明显下降。民主型领导方式会使学生心情舒畅,关心集体,纪律较好,表现出较高的独立性,工作效率较高。尤其是领导不在场时,与其他两组相比,最为突出。放任型领导方式导致学生情绪不稳定,纪律松弛,在集体内产生较多的攻击行为,工作效率极低。进一步的研究表明:专制型与民主型领导方式对学生的学习成绩的影响不是很大,但对学生的社会行为,对学习成人的价值观都有深远的影响。喜欢用惩罚手段的教师,往往会增加学生的焦虑,学生因害怕暴露自己的短处而退缩不前,导致集体计划、协作及自我定向出现低效,甚至无效。另外,专制型领导控制下的学生更有攻击性,而且攻击的矛头通常指向集体中的弱者。总之,教师的领导方式对学生情商的形成有极大的影响。

(三)教师的情商水平

要想给学生以良好的情绪示范,培养学生高水平的情商,那么教师,特别是班主任的情商能力是最值得考察的。如果教师自身存在情绪障碍，那么由教师的情绪障碍所扭曲的性格和异常的情绪反应模式，会给学生制造沉重的心理压力，使其受到情绪困扰。这样的学生成人后，不可能是一个高情商的现代人。有的在学校受到教师情绪障碍影响的儿童，甚至在整个一生中都会在心灵里保留着灰暗的心境，童年的失败的蒙受羞辱的记忆会使他在面对人生挑战时失去勇气、自信和毅力。不同情绪障碍的教师对学生的影响程度是不一样的。患神经质、强迫情绪的教师，常常在课堂上抱怨自己头晕，身体不适，想不起问题，某些对情绪敏感的学生也会产生神经质的表现。对学生影响危害最大的是焦虑、敌意和偏执。

目前，我国现行的教育制度都是围绕分数转，社会和学校考核一名教师，只是单纯地从"及格率""优秀率""升学率"来看，这很容易导致教师不择手段来达到目的。一个能快速提高班级升学率的教师，很可能是以牺牲学生的其他能力，特别是情商能力为代价来取得成绩的，这样做的后果令人担忧。全民族基本素质的提高，不仅是知识水平的提高，更是心理、情商素质的提高。一个成熟的社会人才，他为社会发挥自己才能是整个一生的事情，而不是中考或高考那一阵子。因此，考察一名教师，决不能只从"升学率"来评价。一名优秀的教师，必须同时是一名身心健康，情绪稳定，自信乐观的高情商的人。

三、社会因素

每一个人都是在一定的文化背景和社会制度下成长起来的，社会特定的风俗习惯、道德标准以及经济文化发展的水平差异对一个人情商的形成和发展也会产生很大的影响。具体说：

（一）社会文化

社会文化对人的情商具有塑造功能，这表现在不同文化的民族有其固有的民族性格。例如，米德等人研究了新几内亚的三个民族的人格特征，就显示了社会文化对人的情商的影响。研究表明：居住在山丘地带的阿拉比修族，崇尚男女平等的生活原则，成员之间互助友爱、团结协作，没有恃强凌弱和争强好胜，人与人之间一派亲和景象。居住在河川地带的孟都古姆族，生活以狩猎为主，男女间有权力与地位之争，对孩子处罚严厉。这个民族的成员表现出攻击性强、嫉妒心强、冷酷无情和争强好胜等人格特征。而居住在湖泊地带的张布里族，男女角色差异明显，女性是这个社会的主体，掌握着经济实权。男性则处于从属地位，其主要活动是艺术、工艺与祭祀活动，并承担养育责任。这种社会分工使女人表现出刚毅、支配、自主与快活的个性，而男人则有明显自卑感。

（二）社会的发展变化

现代社会的一个最大特点就是瞬息万变。我们的环境在变，工作岗位在变，工作任务在变，职务在变，社会角色在变，生活在变，朋友在变，心情在变……总之，周围一切都在变，而且变化就是无常，没有人喜欢永远生活在无常之中。也许有人认为，经历的变化越多，体验也越深，这是一笔财富。体验被谋杀也许是一笔更大的财富，但却没人敢去体验被谋杀的滋味。因为，太多的变化使人落下了对变化的恐惧。但在当今时代，即使你不想变，变化也会始终跟着你。每一次变化，都需要你去重新适应，某一个方面需从头开始，大部分人变得力不从心，便开始用消极的态度来应付变化。

一切变化，都可以从最深层次的经济上找到原因。经济问题的冲击，对中年人和青年人的影响尤为重要。目前，发展变化的中国，在创造了经济奇迹的同时，由于产业结构的调整和体制的改革，使得一大批行政、企事业单位人员下岗、分流、失业。据国外研究表明，失业与许许多多的心理问题有密不可分的关联。失业的人变得心理沮丧，显得很无助无奈，容易反弹，凡事难以心平气和，觉得自己怀才不遇，恨他人不公，有眼无珠，面对失业，开始了起伏的人生。总之，失业率增加，心理问题就会显著增加。

（三）信息技术革命的冲击

科学技术从来就是一把双刃剑，它可以为人类造福，也可能给人类带来苦恼和灾难。随着信息技术的发展，当今人类已进入"数字化生存"时代，已经开始在"网上"生活，世界已经变成一个地球村。人们只要坐在电脑前，用一个调制解调器，按一个键钮，就能随时知道世界各地的方方面面的事情。我们生活在这个"地球村"里，随时随地都有重大事情发生，有的影响重大，有的则很无聊，这些全都可以称作信息。只要你愿意，现代技术手段已经可以保证你随时获取你所需要的所有信息，这给我们的学习，工作和生活带来很大的方便。同时，面对以亿兆计算的信息，选择就成了最头痛的问题。选择不仅包括是否选择到一个真正需要的信息，还包括在众多的选择中进行取舍判断所需要付出的心力。不少人面对信息爆炸产生以下两个典型症状：

一是生怕在成千上万的信息中漏掉了最重要、最有利的信息，心中暗想：如果我漏掉了而被其他人看见了，对方可能因此而击败我。于是，强迫自己不停地去找，去读，以至精疲力竭。

二是总感到自己无力。过去，一个人表达自己的思想，至少有人来听；而现在，人们都把自己的想法印成书，或者在互联网上散布，他的声音会马上被铺天盖地的媒介所淹没，没有人会真正去注意其中的只言片语，因此也就不再具有实际意义。

信息爆炸的同时给人们带来了无穷无尽的信息垃圾，越来越多的人对这种强大的信息压力惴惴不安，从而容易引发明显的攻击行为、怪异的社会行为和社会紧张等复杂的危机现象。

总之，情商的形成不是单方面的，而是家庭、学校以及社会诸多因素共同作用的结果。

第二节　情商培养的阶段和措施

一、情商培养的几个阶段

人的情商的形成，开始于幼儿期，形成于儿童期和少年期，成熟于青年期，青年期之后，人的情商水平仍然持续不断地提高。因此，一个人情商的培养并非一蹴而就，而是一个长期的、反复的、渐进的过程。情商的培养有以下几个阶段：

（一）幼儿期：情商培养的奠基期

幼儿期（0~6岁左右）是一个人情商培养的开始阶段，或者叫准备阶段、奠基阶段。这个时期，孩子主要是学习语言，学习最基本的社会常识，模仿大人，主要是模仿父母的行为和动作。而且，儿童的模仿不分好坏，父母的优点和缺点会被孩子一起学习和吸收，因此，人们常说：谁家的孩子像谁。父母是孩子的第一任老师，从这个意义上说，要想让孩子有高情商，做父母的首先要有高情商。否则，父母的情商水平低下，情绪不能自我控制，性格孤僻古怪，心胸狭窄，却要求孩子有良好个性，这是很难的，也是不公道的。因此，幼儿期的家庭教育对一个人的情商形成是极其重要的。

（二）儿童期：情商培养的黄金期

儿童期（6~12岁左右）是一个人开始上小学读书，接受正规学校教育的时期。这个时期的孩子，主要特征是好奇、好动。一个人的好奇心会产生求知欲，好动，会产生模仿、尝试和冒险。因此，学校和家长对这个时期的孩子必须给以正确科学的引导教育。

（三）少年期：情商的培养关键期

少年期（12~18岁左右）是一个人成长、发育的关键时期。这个时期人的独立性开始提高，依赖性开始下降，世界观、人生观、价值观开始形成，也是可塑性很大的时期，血气方刚，初生牛犊不怕虎，极易受外界的影响。因此，有些学者把这个时期叫作人生的"断乳期"，有的称之为"危险期"。因为这个时期的孩子还不成熟，情绪极不稳定，行为也往往缺乏理智。对此，学校、家庭和社会必须共同对其进行积极的疏导，开展易于接受的、生动活泼的、丰富多彩的正面教育。

（四）青年期：情商的培养定型期

青年期（19岁～30岁左右），人的生理与心理都已发育成熟，世界观、人生观和价值观及其个性都已基本形成，而且，已走向社会，开始了独立的生活与工作，陆续成家立业。这个时期，需要广泛全面地学习与实践社会规范和人生中各种生存技巧与知识，学习处理各种人际关系，以更好地适应人群与社会。

（五）成人期：情商培养的提高期

成人期（31岁以后），人的社会知识和实践经验已相当丰富。但面对错综复杂的社会生活和并不一帆风顺的人生，仍然需要继续学习和接受教育，学习新知识、新经验和人际技巧，不断反复实践和自我提高，其情商的培养主要靠自省、自悟、自我感受与体验。

二、情商培养的具体措施

（一）正确认识自我

在古希腊帕尔纳索斯山德尔斐神庙的一块石碑上刻着这样一句话："认识你自己。"这句话说明了自我认识的重要性，后来也成为教育家们育人亘古不变的命题。然而，时至今日，我们不得不遗憾地说，人类距完全认识自己还有相当漫长的道路。在当今社会，许多人不能正确认识自我，没有积极的自我意识，因而也就无法发现自己的潜在能力和价值。美国学者詹姆斯根据其研究成果说：普通人只发展了他蕴藏能力的1/10。与应当取得的成就相比较，我们只利用了我们身心资源的很少的一部分……那么，如何正确认识自我呢？

1. 找到自己的闪光点

积极的自我意识的获得必须以正确评价和分析自己为前提。一个人如果能找到自己的优点和缺点，不断强化自己的优点，正视并不断改进自己的缺点。那么，他在学习或工作中就会产生自信心，这将使他不会踌躇或是等待。他事先就会知道他的努力将会带来什么结果，因为成功就一定需要好好利用自己的优点。因此，他的学习或工作效率将比其他人高，成就也胜过其他人。其他人则必须摸索前进，因为他们无法确定自己的闪光点。

2. 正确地自我评估，以拓展自我

一个人往往认识别人容易，而正确认识自我很难。而如果不能正确地认识自己，也就不能控制和拓宽自己。因此，一个人必须经常检查反省自己，就像一个旁观者、陌生人一样来评估自己，尽可能客观、公平地进行自我检查和评估。为了正确认识自己，可采用以下5种方法：第一，利用心理方法，客观地测验你的能力；第二，留意朋友、同事、老板和顾客等对你的反应；第三，用心检视你的历史——追踪记录可显示许多说明自己能力的事；第四，把自己置于严格、新奇的环境中，然后从你的行为中去认识自我；第五，运用自己的想象力去开发潜在的自我。

3. 挑战自我

挑战自我、突破自我是一个人走向成功的必要条件。为了向他人与社会证明自己的价值，一个人必须以某种特殊的方式去证明与表现自己。为此，应该做到以下几点：第一，发自内心珍惜自己、爱护自己，这样才能将爱撒给别人；第二，树立自信，只要你不被自己的软弱的心智打败，没有任何人和任何事可以击败你；第三，你越不想引人注目，就会越使人印象深刻；第四，你向世人所呈现的，正是你的内在感受。

当一个人继续迈向高峰时，必须记住，每一级阶梯都供你足够的时间，但它不是供你休息之用，而是供你踏上更高一层。世界著名的大提琴演奏家帕柏罗卡沙成名之后，仍然每天练习6小时，有人问他为什么还要这么努力，他回答说："我认为我正在进步之中。""黎明之前总是最黑暗。"只要你努力工作，不断挑战自我，充分发挥自己的潜能，就一定会登上成功之巅。

（二）积极自我激励

心理学家指出，情绪影响智力水平的发挥，例如，学生在焦虑、愤怒、沮丧的情况下根本无法学习，事实上任何人在这种情况下都很难有效地从事正常的工作和学习。由于我们在许多方面受情绪的影响，所以在成就事业、建立家庭时，需要我们通过自我激励，激发我们的热情，以达成自己的目的。自我激励包括以下几方面内容：

1. 乐观与自信

戈尔曼在《情绪智力》一书中指出："乐观是最大的动力。"高度乐观的人通常具有以下共同特质：能够自我激励，能寻求各种方法实现目标，面对困境时能自我安慰，能将艰巨的任务分解成容易解决的小部分。

从情商的角度来看，乐观是指面对挑战或挫折时不会满腹焦虑、意志消沉、当心失败，乐观的人在人生旅途上会较少出现沮丧、焦虑或情绪不适应等问题。

乐观的心态能激励人走向成功。乐观的人认为失败是可变的，他们在失败时多半会积极地拟定下一步计划，不为挫折而消沉，结果反而能反败为胜。而悲观的人将失败归咎于性格上无力改变的永久特质，认为无力回天，不思解决之道，意志消沉。

自信在人生中有着惊人的作用。它有助于提高学业成绩，提高工作效率，能让人忍辱负重，锐意进取，以至在各行各业中捷足先登。

研究发现，自信心强的人有着共同特点，如能激励自己，相信自己有办法实现目标，即使身处逆境时也能重振信心；为实现目标能随机应变，发现目标不可能实现时能及时重新修订目标；对于那些棘手的问题善于化整为零，各个击破。这种人即使面临重大挑战和挫折时，也不会被焦虑所压倒，更不会悲观沮丧。

2. 抑制冲动

抑制冲动是一个人最基本的心理能力,也是各种情感自制力的源泉,因为所有情绪本质上都是指向某种冲动。人们取得种种成就都扎根于控制冲动的能力。

心理学家米歇尔的"软糖实验"表明:有些人在 3～4 岁时,就具有抗拒冲动延迟欲望满足的能力。他们懂得如果想实现自己的目标,就要把注意力从眼前的诱惑上转移开,分散对诱惑的注意,转向其他活动。这种人长大以后,有较强的社会适应能力,有较强的自信心,人际关系较好,在压力情况下不容易崩溃、紧张、退缩或乱了方寸,能积极迎接挑战。面对困难也不轻易放弃,在追求目标时也和小时候一样能克制冲动,最终能获得成功。相反,那些缺乏控制能力的孩子,大约有 1/3 缺少上述优良的品质,出现心理问题的人相对较多。长大以后,表现出一些消极的特征,如自卑、害怕与人接触、办事优柔寡断,遇到压力容易退缩或惊慌失措,容易怀疑别人及感到不满足,容易嫉妒或羡慕别人,因易怒而常与人争斗,而且和小时候一样不易克制冲动,最终难以获得成功。

抑制冲动能力的关键在于把握情绪感受和行动的分寸,学会在行动之前先控制冲动以做出更恰当的情绪决策,并且确认选择的方案,考虑可能产生的后果。总之,抑制冲动有利于产生激励作用,以达成自己的目标。

3. 全神贯注

全神贯注或专注,也就是人们平常所说的"神驰"。神驰是一种忘我的状态,那种专注的程度使人无视眼前的一切,事后对当时的表现也忘得一干二净。然而,个人对当时所做的事又再现出强大的控制能力,其动力则完全来自行为本身的乐趣。

神驰境界的特色是在纯粹的乐趣中达到最高的效率,这种时刻绝不可能发生边缘系统席卷大脑组织的情绪失控,这种轻松高度的专注绝不同于厌烦或疲倦时的勉强专注,或是在焦虑与愤怒时的混乱。神驰的状态不存在一丝情绪杂质,这是全神贯注的必然结果。在神驰状态下,脑部皮质会根据形势,动员精确部位的活动,这时艰难的工作不但不费力,反而有刺激脑力耳目一新的效果。一句话,神驰状态仅需少量的活动即可达到最佳的效果。

如何进入神驰状态呢?一是对某一事物给予高度的关注。"全神贯注正是神驰状态的精髓"。这种方式本身可构成一种良性循环,要排除杂念专注于眼前的事物需要一往的努力与自制力,但只要跨出第一步,专注力本身就可以成为一种动力。一方面一切杂念不易侵入,另一方面做起事来不费吹灰之力;二是从事自己很在行难度略超出能力的事。心理学家米哈力·齐赞米哈依指出:"一个人面对难度略超出一般的挑战最能够贯注精神,也能比平常更加努力,太没有挑战的任务会使人厌烦,太大的挑战又使人焦虑,这两者之间的狭窄地带最容易使人达到神驰的境界。"但凡取得成功的人,自我激励是必不可少的。自我激励的目的是将情感导向积极的方向。

（三）加强情绪的自我调控

1. 善于控制个人的情绪

保持情感健康的关键是抑制不愉快的情绪，进行自我安慰。人总是生活在某种情绪状态之下，应当善于调控个人的过激情绪，从而使自己的情感保持平衡。但控制不等于压抑。如果感情太平淡，生活就会枯燥无味；若情感失控，走上极端偏执，就成了病态。某一情绪过分强烈或长期耿耿于怀都是走极端，有害于人的平静生活。

当然，人不应只保持某一种情绪。永远快乐是不可能的。痛苦往往也能促使人们去追求富有创造性和精神乐趣的生活，能磨炼人的灵魂。在情绪问题上，应将积极情绪与消极情绪保持在适当的比例，保持情感的平衡，就能感到愉快和幸福。人的情感健康与智商无关，它取决于情商。

2. 合理宣泄、消除压抑

不愉快的消极情绪，虽然可用理智暂时约束压抑它，但不能彻底排除。这种心理能量的积聚，如果超过一定的负荷，就会破坏心理平衡，引起心理疾病。应采取适当的途径，合理宣泄，把不愉快的情绪释放出来，消除压抑感。

情绪宣泄的主要途径有：

（1）倾诉

在内心充满烦恼和忧郁时，可以向知心朋友或信任的老师、家长倾诉心声，也可以用写信的方式来倾诉心中的不快，写过后并不一定要寄出去，把它撕毁或付之一炬都行。记日记也是简便易行的方式。

（2）哭泣

在悲痛欲绝时大哭一场，可使情绪平静。美国专家威费雷认为，眼泪能把有机体在应激反应过程中产生的某种毒素排除出去。从这个角度讲，遇到该哭的事情忍住不哭就意味着慢性中毒。很多人欣赏"男儿有泪不轻弹"，把眼泪当作软弱的表现，现在从心理学角度来考虑，就会发现这种观念是不可取的。美国精神病学家曾对 331 名 18～75 岁的人进行调查，结果表明女性平均每月哭 3～5 次，男性每月哭 1～4 次，他们都感到哭过以后心情好多了。

（3）剧烈的活动

如较大运动量的体育活动、体力活动和激烈的快节奏的喊叫等，都有助于释放紧张的情绪，消除烦恼和抑郁。

情绪的宣泄要注意时间、场合和方式，既不能影响他人的学习、工作和生活，也不能有损自己的身心健康，更不能触犯法律法规、危害社会。

3. 舒缓焦虑

焦虑是一种紧张、害怕、担忧、焦急混合交织的情绪体验，当人们在面临威胁或预料到某种不良后果时，便会产生这种体验。生活中的焦虑有一定的积极作用。通过深思熟虑，就可能找到问题的答案。一个人若长期为焦虑感困扰,就会忧心忡忡,茶饭不思,严重地会发展成为完全的神经失控,出现恐惧症、偏执、强迫行为及恐慌症。

缓解焦虑的办法:一是要充分运用自我意识,当焦虑一出现就能发现它,一旦意识到焦虑出现了,就做放松练习来缓解它;二是对焦虑采取批评的态度,这种自我注意与建设性的质疑相结合,就能遏制焦虑症的发展。

4. 摆脱抑郁

抑郁是一种持续时间较长的低落消沉的情绪体验。一个人若长期处于抑郁情绪状态,就会对生活失去热情和信心,严重的会导致多种身心疾病,甚至产生自杀的念头和行为。抑郁和悲伤是人们最希望消除的情绪。人们摆脱抑郁的方法多种多样,其中有效办法有:①转移注意力;②增氧健身操;③享受生活;④设法取得一个小小的成功;⑤换个角度看问题;⑥乐于助人。

(四)提高社会适应能力

所谓社会适应是指两个方面:其一是指个体为适应社会环境而改变自己的行为习惯或态度的过程;其二是指个人与社会的环境关系的一种状态,即个人与社会环境之间的一种和谐协调、相互适宜的状态。社会适应是一个动态平衡的过程。

随着改革开放的深入,中国加入WTO,人们生产方式与生活方式及思维观念都发生了巨大变化。一些人心理上出现了不适应,出现了许多负面的情绪表现,如彷徨、忧虑、恐惧和绝望等。如果这种变化过于激烈或持久,就会导致大脑功能的严重障碍,从而表现出心理或生理异常。那么,如何提高社会适应能力呢?应从以下几个方面做起:

1. 了解环境,接受并适应环境

要适应环境,必须了解环境,了解自己所处的环境发生了哪些变化,这些变化都有什么特点,从而审时度势,以针对变化了的环境做出自身的调整。

2. 严于律己,宽以待人

每个人都应该积极、主动、热情地投入到集体之中,使自己融于集体之中。否则,一个人离群索居、孤苦伶仃是很苦恼的。当与人发生摩擦时,应本着严于律己、宽以待人的原则,不要一时感情用事,也不要消极逃避。唐代文学家韩愈主张"责己重以周,责人轻以约",意思是要求自己要严格、全面,对待别人要宽容,要求要少。

3. 培养自己良好的个性

一个人的性格、气质、思想和品德等个性特点影响人际关系的质量与社会适应程度。一个态度友好和善、性情忠厚、富有同情心、能体谅他人并善于交际、活泼、热情、善解人意的人,容易受到他人的欢迎。反之,性格孤僻、倔强固执、迟钝、刻板而又多疑的人,则难以与人接近,不易受人欢迎。为人谦和、虚心的人能获得别人的好感,而自高自大、目空一切的人则令人厌恶。一个具有高尚道德的人,能关心他人、助人为乐,就能很好地适应社会。相反,一个私心很重，处处为自己打算的人，则必然与别人格格不入，难以相处，当然也就很难适应社会。

当今世界是一个大变革的时代，既充满了机遇和挑战，也遍布着竞争与压力。是否具有较高的综合素质，能不能成为情商的主人，将决定一个人能否充分地发展自己，能否立足于社会，能否获得生活的幸福与成功。一个人如果不能驾驭自己的情商，即使知识再丰富、智商再高，也难以把握自己的命运。

第三节　激发内在的情商潜能

人的潜能是无限的，每个人都是一座价值连城的巨大金矿，可以说任何一个正常的人都能把自己造就为天才，任何一个平凡的人都可创出一番惊天动地的事业。而实际上真正功成名就者却为数甚少，这到底是什么原因呢？主要是自身的内在潜能没有得到充分的发掘。因此，要想把握自己的命运，创出一番事业，就必须充分激发自己身上的内在潜能。

一、人人都拥有巨大的情商潜能

人的情商潜能主要是指人在情感、意志和个性方面的心理能量、大脑的潜力。一个人要完成某种工作，需要身体潜能、智力潜能和情商潜能的共同配合，而人的身体潜能毕竟是有限的，人的智力潜能也会受到某些限制，而人的情商潜能可以说巨大得不可想象，如果用"无限"来形容也不算过分。那么，人的情商潜能到底有多大表现在哪些方面呢？

首先，人们拥有巨大的脑力潜能。人脑是一块"特别复杂的物质"，一块"以特殊方式组织起来的物质"，一块"发展到高度完善的物质"。脑的最高部位是大脑，人的大脑由左右两个半球组成，是中枢神经系统的最高、也是最发达的部位。过去，人们把大脑的一个神经细胞比作一个电子管，把整个大脑看作是有140多亿个电子管的计算机。现在，人们发现人脑类似由140亿台微型计算机所组成的庞大的电子计算机信息处理系统。美国麻省理工学院的一份报告指出，一个正常人的大脑可储存100万亿比特的信息，相当于一般电子计算机储量的100万倍。如果全部用来贮备知识，人脑的记忆容量将是世界上最大的美国国会图书馆藏书的50倍，即相当于5亿本书籍的知识总量。俄罗斯学者伊·尹尔菲莫夫通过研究指出，人的头脑可以同时学习40种语言，可以默记一套大英百科全书所容纳的全部内容，还可以有余力去完成十所大学的课程。虽说这些研究成果还有待验证，但人脑的机能非常复杂，功能非常强大是无可厚非的。人们以"脑海"来形容脑能量的博大精深的确是恰如其分的。可以说人的大脑是宇宙间最复杂、最精巧和最具有创造性的生物机器，是人的智慧之府，是人的创造之根，也是人的情商之源。

其次，人们拥有巨大的创造力潜能。创造力潜能是人人固有的基本特性，现实中有的人似乎天生没有创造力，原因在于这些人总是消极地适应社会环境，墨守成规，不知不觉地抑制、埋没或丧失了自己的创造性潜能。而另一些人则相反，他们总是主动地改造社会环境，不断求变创新，从而使自己的创造性潜能得到尽情地发挥。由此可见，自我实现的创造性主要体现在于心态和人格的积极向上，而不是其成就的大小，而成就是积极心态和人格开发出来的潜在能力，所以，自我实现的创造力是投射在人的整个生活中的。

再者，人们拥有巨大的精神力量。人们在选择控制自己的情感和与人交流思想感情方面也有巨大的潜能可以开发出来。人的言谈举止、交际水平和心律、血压、消化器官运动以及脑电波都可以受到精神力量的控制和影响。一位有孕在身的妇女不幸患了不治之症，离黄泉路不远，但想到自己身上的小生命，便产生了顽强地活下去的意念，一定要看到自己孩子的降临。这种积极的心态和振作的精神，最后终于创造了奇迹，她不仅顺利地生下了自己的孩子，而且不治之症也消失了。科学家们预言：将来会有一天，我们会发现人体有能力使自己再生。这不是指医学手段的新发展，在人体内更换各种器官，而是指精神力量的巨大作用。

既然人人都拥有巨大的潜能，理应个个都能成功，都会成为命运的主人，为什么许多人掌握不了自己的命运？这当然是由于心理态度与努力程度不同，也与所受的教育和所处的境遇有关。然而还有一个阻碍人们认识和开发自身潜能的重要原因，那就是人各有所长、各有所短。但人们长期以来却用一个统一的标准去看待别人和衡量自己。用一元化的标准去衡量多元化的人，当然是难以实事求是的，必然会否认许多人的潜能，埋没许多人才。美国著名心理学家、哈佛大学教授霍华德·加德纳（Howard Gardner）于1983年提出了多元智能理论。他通过研究证明了人类思维和认识世界的方式是多元化的，在某些方面欠缺或较弱的人，可能在另一不为人们注意的方面具有惊人的潜力。他认为人类至少存在七种以上的思维方式，据此他把人的智能概括为七种，即语言智能、数学逻辑智能、音乐智能、身体运动智能、空间感知智能、人际关系智能和自我认识智能。每一种智能在人类认识世界和改造世界的过程中都发挥着巨大的作用，具有同等的重要性。因此，我们无论对于自己还是对于他人，应该深信是拥有潜能的。无论是拥有哪个方面的才能都应该为之自豪和高兴，都要努力促进、尽力开发，绝不能因为缺乏某些才能而难过和自卑。人们要想获得成功，关键是要发挥自己的所长，而不是用其所短。只有具有正确的自我意识，一个人才会清楚自己内在的潜能，才会知道自己是个什么样的人，并知道自己可能会成为什么样的人。

二、正确认识自我的情商潜能

俗话说，"人贵有自知之明"，人最难的就是认识自己。自我意识是一个人对自己的认识、评价和期望，也就是对自己的心理体验。可以说认识别人难，认识自己更难。认识自己的外在形象难，认识自己的内心世界更难。因此，每一个渴望成功、努力追求自我完善的人，特别是涉世不深，需要为自己确定人生方向的年轻人，应该经常问一问自己："我是一个什么样的人? 我的情商怎么样? 有什么优缺点? 有哪些巨大的潜能? 我期望自己成为什么样的人?
要达到什么样的目标?"

情商理论的创始人美国耶鲁大学教授彼得·沙洛维和新罕布什尔大学约翰·梅耶教授
最早于1990年提出了"情感智慧""情感智力"的概念。1995年美国《纽约时报》专栏作家
戈尔曼出版了世界性畅销书《情感智商》,从而形成一个与智商(IQ)相对应的"情商"(EQ)
概念。它反映了一个人可以经后天培养而形成的感受、理解、控制自己和他人情感的能力和
水平的高低,是一种人类生活和生存的技巧,从而使人们摆脱过去只讲智商所造成的那种
无可奈何的宿命论态度。情感智商潜能具体包括以下五个方面: ①自我觉察潜能; ②情绪自
控潜能; ③自我激励潜能; ④认知他人情绪的潜能; ⑤处理人际关系的潜能。高情商者之
所以受人欢迎,能在社会环境里游刃有余,能不断地走向成功,就在于他们具有敏锐的自知
和知人的情商潜能,并以此为基础见机行事,灵活地调整自己的言行。而低情商者对自己对
他人的情绪无法加以及时有效的了解,在现实生活中很容易产生不快,处处碰壁,遭遇挫折
和失败。

对自我情商潜能的意识有两种倾向: 一种是正向的意识,相信自己的情商潜能,把自己
在内心里塑造成一个踌躇满志、不断进取、敢于经受挫折和承受巨大压力的自我形象,经常接
收到肯定和成功的鼓舞信息,感受到喜悦、自尊、快乐与卓越,那么你在现实生活中便会成为
自己的主人,从而走向成功。另一种则是负向的意识,不相信自己的情商潜能,在内心里把自
己看作是一个垂头丧气、胆小怕事、难当大任的自我,经常接受的是否定和失败的负面信息,
感受到的是沮丧、自卑、无奈与无能,那么你在现实中便会成为自己的奴隶,从而注定失败。
哈利·爱默生·佛斯迪克博士说得好: "生动地把自己想象成失败者,这就使你不能取胜; 生
动地把自己想象成胜利者,将带来无法估量的成功。"对情商潜能的自我意识是我们的生命
走向成功或失败的方向盘、指南针,只有具备了正确的自我意识,在现实中才能找准自己的位
置和方向,才能清除无谓的自卑对心灵的损害,才能避免盲目的自满对生命的束缚。

客观而全面地认识自我是高情商的具体体现。应该怎样认识自己的情商潜能? 如何才
能使心灵中理想的我与客观存在的现实的我接近一致? 如何使正向意识充分张扬负向意识
不断减少呢? 我们应该注意以下几个方面: 首先,应该全面、完整地了解和分析自己的情商
潜能。情商不仅仅指人的情绪和情感,它基本上涵盖了智力因素之外的各种心理成分。一
个人只有全面地了解自己,才能在生活中轻松地把握自己的情绪,才能扬长避短,做到言行
得体,进退自如,成为生活的强者。其次,应该积极、自信地肯定和评价自己独特的情商潜能。
但凡成功者都有与众不同的特殊个性,都能对自己的情商潜能做出积极肯定的评价,都相信
自己拥有丰富的潜能,始终面带微笑的杨澜可以说是这一方面的典范,要做就做最好的,自
己应该是最好的。从艺,她是中央电视台的金牌主持人; 从商,而立之年就成为阳光影视公
司总裁,成为中国大陆新一代的富豪。再次,应该主动、真诚地正视和弥补自己情商潜能的
缺陷和不足。世界上不可能存在完人,但却存在改过迁善的圣人。一个人不怕有缺陷,怕的
是不能正视和弥补自身的缺陷。伟大的人际关系学家——戴尔·卡耐基,他出生于密苏里

州一个贫苦农民家庭，1904 年他考入华伦斯堡的州立师范学院，困难的处境，穷苦的生活，使他有一种自卑心理。但他并不掩饰自己的不足，而是有针对性地进行弥补。他积极参与竞争，在大学参与演讲的竞争，毕业后尝试过推销员、演员、教师的竞争，这些竞争活动消除了他的自卑心理，形成了良好的心理品质。正如他的老朋友和老同事比尔·史托弗所说："他非常热情、友善，忠诚得几乎变成了缺点。他是一个具有坚强的信念、丰富的精力以及可以感染别人的热忱的人，他是一位真正的虔诚的人。"正是敢于正视不足，勇于弥补不足，使他掌握了自己的命运获得了巨大的成功。

三、努力激发自我的情商潜能

古今中外，杰出的政治家、军事家、科学家、理论家、文学家和艺术家都是靠自己充分开发潜能，最终才有所发明，有所创造。谁能教邓小平改革开放？谁能教爱因斯坦发现相对论？谁能使比尔·盖茨成为世界首富？谁能教巴尔扎克写出《人间喜剧》？他们都是靠自己深入学习和创造，靠努力激发自身内在的情商潜能，这才是个人求得发展，走向成功地唯一途径。我们怎样才能激发自己的情商潜能呢？

（一）拥有积极的心态

积极的心态能发现潜能、激发潜能、拓展潜能和发挥潜能，使人获得成功。心态是我们命运的遥控器，消极的心态是失败、疾病与痛苦的源流，而积极的心态则是成功、健康和快乐的保证。

1. 要满怀必胜的信心

心态是紧跟行动的，如果一个人从一开始就心存怯意，缺乏成功的信心，那他就永远成不了他想做的积极心态者。当年有人说要在加州橙谷建造一座有特色的游乐园，让世人在其中能重享儿时的欢乐，许多人不以为然，认为这是做梦。而满怀必胜信心的沃特·迪士尼却真的把神话里的世界带到这个并不美丽的地方，让美梦成真。

2. 要清除心中的灰尘

要保持和发挥积极心态，就得赶快清扫心中的灰尘，不要让他们泯灭自己的灵气。人生的路上可能会出现多种多样的消极心态，如惧怕招人非议、惧怕失败、惧怕贫穷、惧怕疾病、惧怕失去爱情和惧怕老之将至等等。这些心灵的尘埃，如同一个巨大的包袱，它会压得你喘不过气来，会拖住你事业的脚步，使你无法向前迈进。因此，对于这些消极的心态，一经发现，就要彻底清除，就像清除生活中的灰尘垃圾一样。现在湖南大学就读的我国著名跳水运动员熊倪在悉尼奥运会上的突出表现至今为人称道。当时跳水队首战失利，自己又是三朝元老，功已成名已就，一旦失利，半生心血和英名将付诸东流。熊倪没有惧怕，没有患得患失，而是清除了心灵中的灰尘，轻装上阵，最终取得了巨大的成功。

3. 要变不可能为可能

永远也不要消极地认为什么事情是不可能的。首先你要认为你能，然后去尝试，再尝试，最后你就发现你确实能。如果先就将"不可能"横在自己面前，那么你就不敢去尝试，怕字当头，缩手缩脚，可能你的确什么都不能了。

（二）树立坚定的信念

信念是人生的引导力量，它是人们行为的指针，决定人生的价值，指明人生的方向。积极高尚的信念是行动的强大原动力，它能充分激发人的巨大潜能，使人去追求成功；消极卑下的信念则是事业的破坏力量，它会毁灭人的潜能，使人落入失败的深渊。潜能成功学的创始人安东尼·罗宾曾经说过："影响我们人生的绝不是环境，而得看我们对这一切是抱持什么样的信念。"但凡是事业的成功者，都抱有必胜的坚定信念。比尔·盖茨创立微软公司之初就发出宣言：我们要做到每一间屋，每张书桌，都用微软的电脑。正是由于这一必胜信念的支配，微软公司成为世界上最大的电脑公司，比尔·盖茨也一举成为世界首富。拥有必胜信念的人，就是身处逆境，也会拼力抗争，不断追求，就像贝多芬那样"扼住命运的咽喉"，得以造就壮丽的人生，决不会尚未决战心先怯，"出师未捷身先死，长使英雄泪满襟。"

（三）培养良好个性

首先，要勇于争强好胜。争第一，可使人培养并保持旺盛的积极的心态。一个连自己都不相信的人能指望别人相信吗？鼓舞每个人心气的，恰恰都是自己，要相信自己的潜能，比尔·盖茨正是凭着"我要赢""只要我努力，我肯定会赢"的好战本性和一往无前的气势，令对手闻风丧胆，从而走向成功。其次，要敢冒敢闯。人生的价值就在于创造出自己独特的东西，要有独特的东西就必须敢冒风险、具有闯劲，不能等到有百分之百的把握才去行动，要有"走自己的路，让别人说去吧！"的勇气。敢冒敢闯是理智基础上的大胆决断，是自信前提下的果敢超越，是新目标面前的不断追求；而不是失去理智的一时冲动，不是毫无根据的捕风捉影，也不是黑灯瞎火的瞎忙乱闯。刘永好四兄弟大学毕业后都在机关、事业和企业单位有令人羡慕的工作。农村改革开放后，他们义无反顾地辞职回到农村老家，大胆地把一个天大的希望砸在自家门前的黄土地上，凭着闯劲使自身的潜能得以充分发挥，创立了希望集团，至今已拥有10多亿美元的财产，名列中国富豪榜的第二位。再次，要坚忍不拔。任何成功者都不可能一帆风顺、心想事成，都有可能经受失败的煎熬。只有弱者在失败面前，才会徘徊踌躇，最终山穷水尽。而强者则依靠面对挫折的承受力和百折不挠的毅力，将自己的事业推向更高的境地。吴志剑，从1985年开始下海，屡次亏损，多次失败，但他深信"执着是对付失败的最佳武器。一个执着的人，失败无法将他击倒，他会一直冲下去，哪怕前面是另一个失败。"正是因为执着追求，吴志剑成功了，他创立的政华集团如今已发展成为拥有15000余名职工，近50亿资产，年利税35亿元，集高科技、交通运输、工业、能源和商贸服务为一体的多元化、集团化、国际化的大型企业集团。

第四节 构建良好的人际关系

人是社会关系的产物,每一个人都不能脱离其他的人而单独存在。有人认为,一个人事业的成功,只有20%是由于他的专业技术,而有80%要靠人际关系和处世技巧。这一具体比例并不精确,但这一重视建立人际关系的观点是值得我们肯定的。可以说,人们离不开一定的人际关系,就像生命离不开阳光、空气和水一样。只有拥有良好的人际环境和人际关系,才能把握自己的命运,真正成为自己的主人。

一、人际关系的意义

人在社会中生存,必然要与人交往,在交往中便会建立起各种各样的关系。所谓人际关系就是指在人际交往过程中形成的人与人之间的心理关系。包括三个方面:一是认知,即相互了解的程度如何,是不是知根知底;二是情感,即相互亲近、友好或疏远、敌对的心理距离,是不是亲密无间;三是行为,即指相互支持、合作或排斥、反对的实际行动,能不能和谐相处。

当今社会已进入信息时代,世界之大,已大到穿越银河系;世界之小,整个地球越来越成为地球村。科学技术的高度发达,生产方式和生活方式已经不再允许人们封闭自己、孤立于他人而单独存在。国际21世纪教育委员会向联合国教科文组织提交的报告《教育——财富蕴藏其中》提出了教育的四大支柱:①学会认知(learning to know),即掌握认识世界的工具。②学会做事(learning to do),即学会在一定的环境中工作。③学会共同生活(learning to live together),培养在人类活动中的参与和合作精神。④学会发展(learning to be),以适应和改造自己的环境。其中很重要的一个目标就是学会做人,具有与他人相处与合作的能力。一个人要想在当今社会上安身立命,必须要具备与人交往的能力,而要生活得幸福、成功,更是要善于建立并保持良好的人际关系。怎样才算是良好的人际关系呢?应该包括以下几个方面:有广泛的人际交往面,并且与少数人建立深厚的友情,进行人际交往的动机正确,态度真诚,内容健康,气氛融洽,符合社会的要求,也符合大多数人的利益。中国大学生创业典型视美乐公司的成功,虽然有多方面的原因,但特别值得肯定的是他们的合作精神,他们建立起来的良好的人际关系。视美乐的团队是一个"黄金组合",视美乐的发明者邱虹云,被清华校长称为"清华爱迪生",是一个极其难得的发明家。视美乐创建的组织者王科是个帅才,他有闯劲,有想象力、煽动性和热情,能干很多别人不敢干的事。徐中则是实实在在的管理者,见多识广,经验丰富,做事风格踏实、稳健。他们之间和谐相处,取长补短,向着成为中国最优秀的高科技企业的目标迈进。良好的人际关系可以拓展信息来源渠道,获得更多的知识和智慧。朋友多,交往广,可以直接地、迅速地获得比书本更广泛的信息。随着交际范围的扩大和友谊的加深,就可能认识更多的人,知道更多的事,交换更多的思想,获取更多的信息。被称为中国的"唐老鸭"的李扬,参过军,当过工人,大学学的是机械。但从童年起就热爱文学和影视,并且初衷不改。他结识了不少影视界的朋友,朋友们介绍他参加了多部译制片的业余配音,《西游记》挑选孙悟空的配音演员的信息是经朋友告诉李扬之后,李扬抓住了机会,终于获得成功,后又被选为风靡全球的动画片《米老鼠和唐老鸭》的配音演员,这使自己的潜能得以充分展示,并且得到了命运的垂青,创出了一番事业。良好的人际关系能增强自知之明、知人之智和提高办事效率。多与人交往,可以"以人为镜",发现自己的长处和缺点,全面客观地认识自己。也可以在交往过程中加深对他人的了解,使自己能知人善任。古语说"天时不如地利,地利不如人和",办事有成效,"人和"最重要。曾被美国前总统里根授予"总统自由勋章"的华人博士王安,鼎盛时拥有10多亿美元的资产,成为美国80万华裔中的首富,名列全美400位巨富的第8名,"华人第一,全美第八"概括了王安当时在美国的经济地位。由于与客户的关系未能正确处理好,特别是在将董事长的位置传给儿子王列之后,公司内部产生了严重的矛盾,导致了公司三位天才考布劳、斯加尔和考尔科的辞职离开。不到四年,公司亏损16亿美元,股价从全盛时期43美元跌到75美分。1992年8月18日,公司不得不向法院申请破产,王安神话就这样破灭了。

良好的人际关系还可以满足多方面的心理需要,缓解精神压力,解除情感孤独,维护心理健康。反过来说,人际关系紧张则是引起许多疾病的重要原因,严重的甚至使人陷入绝望、走上绝路。现代人虽然相互联系日趋密切,交往方式多样化,交往手段现代化。"万里之遥朝发夕至,山高水长一线相通"古代那种长亭送别的哀怨凄切,那种西出阳关无故人的生离死别已成为过去。但是由于居住条件、通信手段、家庭结构和人员流动等因素,人们越来越远离他人,在生活方式上更加独立,与他人深入交往、建立亲密的情感联系的机会更加稀少。在激烈竞争的压力之下,在来去匆匆的快节奏中,人们难以敞开心扉与他人发生深刻、密切的来往。因此,现代人特别容易感到爱与信赖、归属与安全感的缺乏。人们虽然整天身处热热闹闹的人群当中,却仍然觉得无奈和孤独。

一个成功的人,应该具有良好的交往能力,能够给予他人温暖、帮助和宽容,与别人建立深刻的情感联系。他给予别人多少,他会从别人那里得到多少。人生中的成功或失败,幸福与不幸,虽然也与金钱、名誉、地位、权力、成就等有关,但是都不如人与人之间爱的情感在人的主观感受中所占的地位重要。人的情商潜能的充分、完全的展示,也离不开自己营造的良好的人际环境和人际关系。因此,谁拥有了良好的人际关系,谁就拥有了幸福与成功。

二、影响人际关系的因素

影响人际关系的因素是多方面的,有生理、年龄、性别、地域、文化背景等,还有态度、价值观、性格等心理因素。在众多的因素中,心理因素的作用是十分重要的,有些因素可以增强人际吸引，促进人际交往关系，使人际关系正向发展；有些因素则产生人际排斥，妨碍人际交往，使人际关系不能正向发展，甚至导致负向发展。一个人要想真正主宰自己的命运，充分地发掘自己的情商潜能，就必须要了解影响人际关系的种种因素，从而促进正向功能的产生，防止负向功能的出现。

交往态度是影响人际交往的最重要的心理因素。态度是一个人对他人，对事物的较持久的肯定或否定的内在的反应倾向。美国心理学家伯恩根据相互作用分析的理论，提出一个人对待与他人交往的基本态度有四种模式：一是"我不行——你行"。这是一种典型的自卑心理。当幼稚的个体面对庞大的成人世界时，这种感觉是很容易产生的。如果遇上的是粗心的父母或不负责任的教育者，这种"我不行"的自卑感就会被强化，这就会导致不愿、不敢与人交往。二是"我不行——你也不行"这是一种带有敌意的自卑感，它会导致不能与人交往。三是"我行——你不行"。认为自己行，本来应该属于自信，但是这种"我行"是以"你不行"为条件的，因而它并非是一种真正的自信，这可能导致他人不接受交往，又常常把交往失败的原因归结于他人。四是"我行——你也行"。这才是一种真正自信的反映和表现，它包含人类发展的希望，孕育我们自信的形成，是建立良好人际关系的应有态度。这就告诉我们：良好的人际关系必须建立在自信的基础之上，这种自信是以知人和自知为前提的，它不是被自我冲昏了头脑的盲目自傲，也不是失去了自我的过分自卑，而是不卑不亢，落落大方。

共同的兴趣、爱好是人际交往的基础。俗话说物以类聚，人以群分，兴趣爱好的相同或接近，共同探讨问题，共同参与活动，相互启发和帮助，更容易形成亲密的人际关系。因此，能主宰自己命运的高情商者，一方面对他人的个性特长了如指掌，因而对他人产生敬佩感，内心深处愿意与人交往。另一方面，对自己的个性特长了然于心，从而扬长避短，增强人际吸引力，减少不必要的人际摩擦。雅虎（yahoo）的创始人杨致远和大卫凭着对互联网的共同兴趣和爱好，建立起深厚的友谊，成为最佳搭档，并赢得了美国著名风险投资公司美洲杉公司的投资帮助。如今，雅虎帝国在美国之外设立了 23 个网站，可用 12 种语言提供内容和服务，成为世界驰名的网站，他们也成了主宰自己命运的世界名人。

能力、特长是人际交往的重要因素。一个能力强、有特长的人，能使他人产生敬佩感，愿意与之接近。也有人相反，对比自己有才华的人，感到高不可攀，望而却步，不予接近。还有人才华出众，也经常暴露出一些过错和弱点，这种人反而使一般的人更喜欢接近他。一个真正的成功者，在团体中，往往能把能力和特长不同的人，如善于出谋划策的人，善于动手操作的人，善于交际沟通的人等都充分凝聚和利用起来，建立起良好的人际关系，知其所短，用其所长，为自己的事业服务。

性格是影响人际交往的关键。一般来说，把自我和集体统一起来的人，严于剖析自我的人，抱负水平中等或偏低的人，适当压抑自己的人，对人真诚和善、亲切热情、豁达大度和关心体贴的人，容易建立融洽的人际关系。而那些自负傲慢的人，抱负水平高的人，封闭孤僻、对人冷淡、不尊重人、搬弄是非的人，容易产生人际关系的矛盾。正直仁爱，谦逊严谨的菲律宾 SM 企业集团的创始人施至成，以他的至诚至信赢得了下属和他人的友谊和尊重。

三、构建良好人际关系的艺术

处理人际关系必须依据一定的原则，更要掌握一定的艺术。一个人要想主宰自己的命运，在事业上能运筹帷幄，在交往中能够左右逢源，应该具备高超的交际艺术。

（一）学会正确沟通

在交往中，人们特别需要的，也是投入时间和精力最多的就是沟通。沟通是指交际双方在个人背景、兴趣、知识、经验、态度、信念、情感等方面的相互开放、交换、接纳、认可与协调活动。沟通的范围、程度、频率是衡量人际关系的重要指标。如果交际的双方很少主动了解对方或向对方表达自己，相互间在以上各方面知之甚少，或者难以达成一致，无法彼此接纳，那么建立和谐、稳定的人际关系就是一句空话。

尊重理解，平等沟通。与人交往时要发自内心地尊重每一个人，无论他是什么身份、有什么背景与经历、能力如何、外表如何……都应该把他们看作与自己是完全平等的、抱有同样交流愿望的人。只有本着尊重他人，真诚沟通的态度，才有可能在人际交往中打下良好的基础，达到沟通的目的。

设身处地，心灵沟通。我国古人把士为知己者死作为人际关系的最高境界。一个人可以用自己的生命为代价来维护与另一个人的关系，因为这另外一个人最能够了解他的内心世界。每个人都有获得他人理解的强烈愿望，每个人都会有从知心朋友们那里得到巨大满足的需要。知己难求，因为它是需要用心灵去寻求的。明确得体，语言沟通。一方面要善于倾听，这种人是最受人欢迎与信赖的。注意倾听，既可以满足对方表达的愿望，因为人们总希望有人分享自己的欢乐与忧伤，并想知道别人听了之后的反应如何。又可以了解对方的真实意图，人的诉说总是带有一定的目的性的，通过倾听就可以大概摸清底细，以利于确定今后的交往。另一方面要善于表达，表达的内容要明确具体，不能含糊费解；言辞要准确简洁，不能拖泥带水、婆婆妈妈；方式要正确恰当，不能使人难以接受。

准确适度，表情沟通。人的心理活动虽然非常复杂微妙，但这种微妙的心态常常会从表情中流露出来，要学会沟通，准确地运用表情是十分重要的。首先，表情要真诚，目光柔和而亲切，脸上应充满自然的微笑。其次，表情要适度，既不能毫无表情，冷漠的拒人千里之外，也不能过分夸张，热情的使人感觉到可怕。再次，及时恰当地给对方以回应，让对方感觉到自己是受尊重的，双方的交流不仅仅是冷冰冰的理智，还有丰富多彩的表情。

（二）克服交际障碍

不能很好地与人交往，难以把握自己，往往是由于交际障碍的存在，只有克服这些障碍，才能顺利地与人交往，成为自己的主人。

要克服不想与人交往的障碍。不想与人交往主要表现为自视清高，过分自负和自傲，喜欢抬高自己，贬低别人，又或者自视甚低，畏畏缩缩，自我封闭，不愿敞开自己的心扉，孤僻不合群，不敢表露自己，不愿意与人为伍，这对建立和发展良好的人际关系是十分不利的。为此，要转变认知，摆脱极端的思想意识；还要摆正自己的位置，还自己以本来面目，认识自己适应能力差的弱点；更要找出原因，主动交往，充分体验人与人之间的友爱和真情，主动锻炼自己适应环境的能力，学会与各种类型的人相处。

要克服不敢与人交往的障碍。不敢与人交往主要表现为胆怯怕羞。在别人面前，特别是在陌生人面前，往往感到紧张、脸红、语无伦次或过多地约束自己的言行，不能清楚有效地表达自己的思想感情，很难正常与人交往。这就要轻装上阵，甩掉包袱，拥有自己独立的人生价值系统，不以别人的评价为转移，不在乎别人如何看，更不怕在众人面前出丑，只要敢于豁出去，任何情境都能泰然自若。还要多与人交往，即使无话可说，羞怯难堪，也不要试图逃避，而要坚持住，勇敢地抬起头，面向大家，用微笑接纳周围的一切，成功的交往就在眼前。

要克服不善与人交往的障碍。一是克服嫉妒心理。嫉妒是交际的天敌，嫉妒心理一经产生，往往看到别人强于自己、受到称赞和表扬，就气愤、难过和闹别扭，甚至拆别人的台，诋毁他人。嫉妒者往往不仅损害了别人，也贻误了自己，影响人际关系，受到人们的鄙视和唾骂。二是要正确面对误解和矛盾。在人际交往中遇到别人误解，出现矛盾和问题时，要保持高度冷静，切记不可火冒三丈，难以自控，要学会泰然处之。俗话说："谁人背后无人说，哪个人前不说人。"别人爱怎么说就让他说去吧！"路遥知马力，日久见人心"。要设法化解，及时消除，不可在误解和矛盾面前消极苦恼。要选准时机，澄清事实，使误解冰雪消融，让真相大白于天下。三是要学会说"不"。在人际交往中，不可能事事满足别人，然而答应难，拒绝也难，如何从两难困境中走出，因此要掌握拒绝的技巧，既能解脱自己，也不伤害他人。首先，要真诚地为对方着想，用同情感化对方。其次，要说出具有说服力的理由，使对方信服。再次，方式要委婉，不能伤害他人的自尊心。

（三）掌握交际技巧

人际交往是人际关系发展的必要条件。为了使人际交往对人际关系的发展产生积极的、良好的效果，必须讲究交往的技巧。健全交往动机。人际交往不会是无缘无故地发生的，而总是基于一定的动机，指向一定目的的。据此，心理学上把交往分为工具性交往和满足性交往。前者是为了交流思想、传递情报。交往者把自己的知识、经验、意见等内容告知对方，或者希望从对方那里得到某种新信息；后者是为了发展交往双方的友情，满足一方或双方的物质方面或精神方面的需要。根据人际关系的双向功利性特点，主动交往的一方如果希望从对方那里满足自己的什么需要，那也就要考虑如何满足对方的需要，即"欲将取之，必先予之"。自私自利，只想索取，没有回报，甚至企图损人利己，在交往中没有不失败的。

把握交往时机和频率。办好任何事，都有一个时机问题。抓住了时机，可以事半功倍，容易达到目的。人际交往也是这样。首先是时间问题，必须尊重交往对象的作息时间，一般不可以在别人不能会客的时间去打扰别人，对于交往的时间惯例（不尽相同），必须遵守。如果预约了时间，一定要准时到达，不要提早，也不要迟到。约会不要笼统地讲上午、下午、晚上。交往的频率要恰当。过密,可能破坏对方的生活和工作秩序,使其产生反感;过稀,使对方产生冷落之感,以致感情疏远。俗话说:"亲戚不走疏了,朋友不走丢了"。其次是机遇问题,要估计和把握交往的最佳时机,这时,交往对象呈心理开放状态。他最乐意接纳别人,与人交往。具体说,一是心情愉悦之时,此时欢乐的情感容易泛化,产生一种"晕轮效应",把一切都看成令人愉快的,愿意接纳他人交往,是"最好说话"的时候。聪明的人是善于抓住这样的时机进行交往,陈述自己的意见和要求,并取得满意的效果;二是交往对象的心理出现不平衡状态时,此时会有忧虑、紧张、不安情绪,心理上呈现盼望外来刺激并力求解脱的开放状态,能够接纳他人,乐意与他人交往,如果正好"有朋自远方来",而且带来了友谊的忠告和心灵的慰藉,一定会铭记于心,尔后"报之以桃"。这就是说,在别人失意时交往,最容易增进友谊。

提高语言表达技术。人际交往,无论是传递信息,还是联络感情,都要凭借工具。这工具一是语言符号系统,二是非语言符号系统。语言符号系统包括口头语言和书面语言。口头交往是最普遍、最灵活、接受反馈信息最快的一种方式。口语表达能力强,无非是指既懂得在什么情况下说什么,又懂得在什么情况下怎么说。如对人的称谓,这是交往的开端,令人十分敏感。称呼什么,一定要使对方产生欢悦之情,要用褒称,不用贬称。对长辈的称呼要表示尊敬的感情,对自己的同辈人称呼要表示出亲切、友好。交往伊始,总要说几句应酬话,以沟通感情,创造和谐的气氛,应酬包括问候、攀认、敬慕之类的话。在交谈过程中,不仅要用简明的语言,把自己的思想表达清楚,还要考虑怎样交谈才能使对方产生兴趣,易于理解,并根据对方的反应来调整自己的讲话内容和方式,要耐心地、虚心地、会心地聆听对方的讲话,不要心不在焉,不要随便打断对方的讲话。如果当对方表现出厌倦神色时,自己就该适可而止,或者转到另一个话题上去。笑话和幽默可以活跃谈话的气氛,但要区分对象和注意分寸,力求恰到好处。遇到争论的问题要心平气和,以理服人,相持不下,可求同存异,改日再谈。交往结束告辞时,态度要谦逊、诚挚,表示日后继续交往,增进友谊的愿望。

讲究非语言技巧。一是服饰。它在一定程度上表现一个人的身份和个性,影响着人际交往的内容和效果,在初次交往时更加明显。讲究服饰是指服饰要整洁美观,要与自己的身份相符,同时要照顾所在群体的习惯。二是表情。心理学家指出人的面部可做出大约 25 万种不同的表情。目光接触在人际沟通中是极为重要的修饰手段。在人际交往中,应尽量避免以好奇的目光打量对方或过于直露地凝视对方,谈话时可看着对方,但不宜再迎视对方的目光。微笑是一种愉快的表情,在交往中,有一种微妙的魅力,它能使强硬变得温柔,使困难变得容易,不妨常带微笑。三是体态。身体的一定姿势往往表达一定的态度,传递一定的信息。身体略微倾向于对方,表示热情和感兴趣;微微欠身,表示谦恭有礼;身体后仰,显得轻视和傲慢;侧转身子,表示厌恶和轻蔑;背对人家,表示不屑一顾;拂袖而去,则是拒人千里的表现。还有握手等动作,这些都是在交往中应该讲究的。四是距离。人与人在交往时保持的空间距离也具有一定的意义。美国人类学家霍尔划分了 4 种交往距离:亲密距离为 15cm 以内,非夫妻的异性之间,不能较长时间保持这种距离,远端有时可达 45cm;个人距离为46cm～120cm,一般个人交往就在这个空间内;社交距离为12～21m,一般出现在工作环境和社交聚会上,远端有时达37～76m,这是一个能容纳一切人的空间;再远,就属于公众距离了。

第五节 直面人生中的挫折和失败

事业成功总是属于那些历尽艰辛和异常顽强的人们。凡是成就大事业者,必先经历重重挫折,披荆斩棘,最后抵达成功的顶峰。因此,如何面对挫折和失败,如何使挫折和失败变成成功的动力,如何在挫折中把握自己,从而反败为胜,对能否主宰自己的人生起着决定性的作用。

一、正确认识人生中的挫折和失败

挫折是指个人在从事有目的的活动时,由于遇到障碍和干扰,其需要得不到满足时的一种消极情绪状态。生活极其复杂,社会充满矛盾,事业没有前途。所谓"心想事成""万事如意""一帆风顺"只不过是人们的一种美好愿望,一种理想境界。实际上,在人生中,总有某些目标不能实现,总有一些事情难以成功,总会有天灾人祸悄然降临。因此,这样那样的挫折和失败是难免的。这些挫折和失败不过是指路牌,它告诫人们:此路不通,请另辟蹊径。

挫折和失败都是暂时性的,拿破仑·希尔说:"这种暂时性的挫折实际上是一种幸福,因为它会使我们振作起来,调整我们努力的方向,使我们向着不同的、但更美好的方向前进。"挫折和失败并非全是坏事,成功与失败相随,顺境与逆境并行,欢乐与忧愤同在。挫折是人生的教科书,它能教会人们全面认识人生;挫折能激人奋进,引人探索,它使人懂得人生的真谛;挫折能给人智慧,长人才干,使人学会能动地驾驭人生,更好地主宰自己的命运。

要论遭受挫折和失败,有谁能和林肯相比,半生奋斗,九次失败,常人也许难以想象,但林肯挺过来了。他从中吸取了极为宝贵的经验,这些经验除了失败之外,别无其他方法可以获得。这些挫折也使他获得了勇气,敢于把一切困难踩在脚下,向着更高的人生目标迈进,最终当选为美国第16届总统,颁布解放黑奴宣言,打赢南北内部战争,成为美国历史上最伟大的总统之一。

人生之路荆棘丛生,挫折失败在所难免。年轻人为了理想,为了事业,应把挫折和失败当作老师,它会为我们祝福;应把挫折和失败当作财产,它会使我们富有;应把挫折和失败当作阶梯,它会助我们成功。挫折和失败是横跨在成功者面前的一条大河,只有超越挫折和失败才能到达理想的彼岸。

二、敢于正视人生中的挫折和失败

挫折和失败是人们的一种心理感受，面对同样的挫折，不同的人感受是大不相同的。不同的感受会产生不同的行为。有的人在挫折和失败面前挺直了身子，没有被击倒，能极快地审时度势，积极调整自身，在时机和实力兼备的情况下再度出击，直至事业成功。有的人在挫折和失败面前虽还未趴下，但却不知反省、总结经验教训，仅凭一腔热血，只知道勇往直前，往往事倍功半，即便成功，也只不过是昙花一现。也有的人遭受一次失败的打击后，便一蹶不振，再也抬不起头来，成为让失败彻底打垮的懦夫。

只有把挫折当作失败来加以接受的时候，挫折才会成为一股破坏性的力量；可是当挫折成为阴影在人们心头挥之不去的时候，挫折会变得可恨而又可怕。不少年轻人对未来充满幻想，但耐挫能力不强。当挫折带着烦恼、屈辱和沮丧或愤怒降临时，有的人陷进怨恨、消沉、灰心情绪而不能自拔；有的人萎靡不振、自暴自弃、丧失了信心，放弃了努力；有的人自怨自艾、自我诅咒、自我虐待，甚至萌发厌世轻生的念头，其结果则导致理想的破灭，人生大厦的崩塌。上海大众汽车公司总经理方宏，正当事业如日中天的时候，为心中的挫折所伤，被焦虑的情绪所困，本该大展宏图，却跳楼身亡。

正视失败，洞察失败，才能超越失败。失败可能是成功之母，但并非所有的失败必是成功之母。如果一个人失败后，抱一种无所谓的态度，很潇洒地一点也不在意，只认为是交一次学费，一切从头开始，那么等待他的很可能还是失败。成功的创业者不惧怕失败，但却重视失败，从失败中汲取有益的教训、经验和启示，认清自己面临的形势，及时进行调整。要相信，只要是金子，并且有心去磨炼，它总会发光的。现代成功学的创始人拿破仑·希尔在其人生中经历了多次挫折与失败，终于体会到：贫穷是一个人所能获得的最丰富的经验，挫折是一位不可多得的好老师。他发现，自己在20年的岁月里一直希望成为一名报纸编辑，并欣喜地认识到：生命中还有一些比黄金更值得追求的东西。希尔创办了《希尔的黄金定律》杂志，最终创立了现代成功学。

三、学会在挫折和失败中奋起

人生的道路上挫折和失败是不可避免的，愚蠢者只看到不利的一面，看不到有利的一面，因此而消沉堕落了；聪明人则既看到了不幸，也看到了希望，因此更理智成熟了。失败是正常的，颓废是可耻的，重复失败则是灾难性的。挫折和失败并不可怕，关键在于遭遇挫折和失败后该怎么做。能以积极的态度和适宜的方法对待挫折和失败的人，其承受挫折的能力就强，就能最终战胜挫折和失败，成为自己命运的主人。

汲取教训，改善求进。挫折和失败正如冒险和胜利一样，都是生活和生命历程的一部分。人生的成功通常都是在无数次的痛苦失败之后得到的。从失败中学得经验，汲取教训，便不会重蹈覆辙。一觉醒来便大获成功是不可能的。每一个成功者在功成名就之前都曾经经历过多次的失败,成功需要设计、尝试、耐心和坚持,需要时机、环境、教训和经验。不管你是跨出校门求职、还是走上社会谋生,还是进行科学实验、技术发明、艺术创作、推销产品、谈判交易或科学管理,都要经过这段过程,虽说成功能引发成功,失败却未必导致失败。无数的事实证明,失败是成功的踏脚石。竞技比赛不可能重来,而人生永远会有第二次机会。只要你还未被击垮,社会就会给你一次次机会。出了差错时,不要轻言放弃。只要一息尚存,就有希望。只要你审时度势,深刻反省,找出原因,谋求改进,树立信心,就会重新奋起。林肯和希尔就是经历了多次的挫折和失败之后,汲取了失败的教训才最终成功的。

持之以恒,毅力决胜。机遇对每个人都是一样的,困难对每个人都是存在的,挫折对每个人都是不可避免的。直面挫折,坚持到底,这是进取者的自信,这是拼搏者的力源,这是成功者的机遇。没有任何事物可以取代毅力,能力、天赋和教育都比不上毅力,一个人在确定了自己的人生目标后,若不能坚定自己必胜的信念,克服困难险阻,也只能半途而废,空怀满腔热情。世界著名的麦当劳连锁店的创办人雷·克洛克的座右铭包含了他对创业的理解。"坚持到底",简短的四个字揭示了成功的秘诀。雷·克洛克自己就是这样的典型,他永远不放弃自己的梦想。他为莉莉·杜利普纸杯公司当了 17 年的推销员,后来独自经营起牛奶雪泡机器的行业,他在发现麦克唐纳兄弟有一条能生产出高质量的汉堡包、炸薯条以及牛奶雪泡的装备线后,想到了在其他地方也开设这样的餐厅。虽然一直到五十二岁才开始从事新的事业,但他用坚持精神在二十二年之内把麦当劳扩展为一个几十亿美元的庞大企业。

战胜自我,勇敢前进。在人生的征程中,我们不仅时时受到外界的压力,而且还受到自身的挑战。可以说,一个人最大的敌人是自己,自身是阻挡事业成功的最大障碍,需要自己去对付,因此,要敢于向自己挑战,勇敢地战胜自己。首先,要在心理上做自己的对手,要有充分的信心,坚强的信念,从挫折中走出来。有了必胜的创业信心,才会有创业成功的可能性。其次,不要躺在已有创业成就的温床上,而应不断提出新的挑战。创业的道路犹如登山,要一步一个脚印,不断克服内心怕累、怕苦、怕险等情绪;创业的过程好似逆水行舟,要努力往前行,因为不是前进就会后退。超越别人的事业并不重要,超越自己已有的事业才是最首要的。要不断地战胜挫折,第一需要的是勇气,其次是要有信念和信心。有了勇气才有信心,才会出现勇敢的创举和行动。碰到挫折,既不要畏惧,也不要回避。要勇敢去面对它,设法战胜它,实现人生的价值。爱迪生就是在不断战胜自己的过程中成为举世闻名的发明大王的。

内心拒败,反败为胜。成功者并不是都有超常的智能,也不是不曾失败过,而是自信能行,不怕失败的人,甚至可以说,事业成功者大多是经历失败最多、挫折最重的人。关键是在失败面前不认输,从内心拒绝承认失败,无论如何失败,都把它看作是不断茁壮成长过程中的一幕。他们正是凭借这种心态超越失败,最终反败为胜的。历史上创成大业的人物都是从来不对自己失望的人。他们依靠强烈的成功信念,永不言败,在失败的基础上走出一条创业成功之路。事实上也没有百分之百的失败,宇宙万物随时都在变化,从大的观点上看,万事万物都处在"更新"的过程中。一位年轻记者曾问爱迪生:"你的发明曾失败过一万次,你对此有何感想"爱迪生回答他："年轻人，因为你人生的旅程才起步，所以我告诉你一个对你未来很有帮助的启示。我并没有失败过一万次，只是发现了一万种行不通的方法。"正是因为这种内心拒败的作用，爱迪生才得以成为闻名世界的发明大王。孙中山一生的革命生涯崎岖坎坷，但孙先生"屡战屡败，屡败屡战。"不甘失败，直至最终成功。丘吉尔的伟大成就是举世公认的，但是他学生时代的学业很差，开始演讲也狼狈地失败了，竞选也没有获得成功，但他对自己从来不失望。1940年他奉命于败军之际，受任于危难之时担任英国首相，成为战胜希特勒法西斯的民族英雄，杰出的政治家、演说家、史学家。可以这么说，人只要不在心里制造或滋生失败的情绪，就能走出失败，走向成功。

第三章　高校学生就业能力培养

第一节　能力概述

一、就业能力内涵

就业能力（employability）这一概念起源于就业，它最早由贝维瑞治（Beveridge）在1909年提出，这一概念提出的目的是为保证社会经济发展而培养合格的劳动者。虽然因时代不同，就业能力研究的角度表现出多样化特征，但是总的来说都强调是与职业相关的综合能力。国际劳工组织（ILO）认为，就业能力是个体获得和保持工作，在从事工作的过程中进步以及应对工作生活中出现的变化的能力。Harvey认为就业能力是被雇佣者具有并在劳动力市场上展示的，雇主所需和被认为有吸引力的技能总和，这些技能应该是让雇佣者相信他们在将来的岗位中能有效工作的行为特征。荷兰心理学家海吉德认为就业能力是"通过运用胜任力不断地实现、获得或创造工作"。国内学者关于大学生就业能力的界定也是众说纷纭。吴小玲认为就业能力是指一个人所具有地找到工作以及做好工作的能力。赵颂平认为大学生就业能力是指大学生在校期间通过知识学习和综合素质开发而获得的实现就业理想、满足社会需求，在社会生活中实现自身价值的核心素质群。朱新秤认为大学生就业能力是大学生满足社会和用人单位对人才需求成功就业的能力。

综合国内外的研究成果，笔者认为，所谓大学生就业能力是指大学生通过在校期间学习和素质培养而获得的实现就业目标，做好并且保持工作，在工作过程中满足社会和个人需要，实现自我价值的能力。

二、就业能力结构要素

在就业能力具体构成方面，美国的SCANS报告认为，就业能力包括36项能力，并将它们分为两大类：基础方面和工作胜任力。其中基础方面包括基本技能、思考技能和个体特质三个部分；工作胜任力包括资源、人际交往、信息、系统和技术五个部分。就业能力包括：对专业知识的理解力，具有工作所需要的通用和专业技能，效能信仰，体现战略反应和思考的元认知。瑞士联邦大学M.L.戈德斯密德教授所领导的研究小组在对大规模的大学生获得职业成功的调查研究的基础上，认为大学生顺利就业应具备五个要素：就业动机及良好的个体素质，人际关系技巧，丰富的科学知识，有效的工作方法以及敏锐广阔的视野。国内学者大多认为大学生就业能力并不是单纯指某一项技能、能力,而是一种综合能力。代洪甫认为就业能力主要包括基本工作能力、专业能力和求职能力三个基本层次。彭时代认为大学生就业能力体系包括道德性、技能性、心理性、竞争性、实践性、发展性和应聘性七个方面的就业能力。朱新秤认为就业能力包括职业认同、专业知识与技能、社会资本以及个人适应能力四个方面。

虽然国内外学者的研究,是基于各国的经济发展的状况不同,对就业能力构成的侧重点有所不同,但基本的观点还是一致的,即认为就业能力是多种能力的集合,是一个综合的体系。对于一个体系,要分析其详细的具体构成,是一件很困难的事情。但是任何体系都有其核心内容,本书结合大学生群体的特征,即接受高等教育、面临择业、即将走向社会的实际情况,认为大学生就业能力体系主要包括五个方面的核心内容:

第一,基础性能力。基础性能力是大学生成功就业应该具备的基本素质,是用人单位挑选大学生的首要标准。它主要包括适应环境、人际交往、团队协作、外语和计算机运用、普通话、承受挫折和情绪控制等方面的能力,还包括良好的思想道德、责任心等。

第二,专业性能力。专业性能力是指大学生通过在校期间专业学习和专业实践所掌握的专业理论和专业技能,以此满足职业岗位需要的基本能力。它主要包括专业知识、职业岗位所需要的特殊技能以及专业素养等。

第三,实践性能力。实践性能力是指大学生在实践活动中所表现出来的能力。它主要包括理论知识应用、组织管理、任务理解和执行、项目策划等方面的能力。

第四,求职性能力。求职性能力简单地说就是大学生顺利地找到一份工作的能力。大学生要想在人才市场中突显出来,必须具有竞争型的求职能力。求职是自身实力、信心和综合素质的运用,良好的求职技巧可以帮助大学生顺利就业。求职能力包括就业信息收集与处理、择业定位、自我表达、自我推销、职业规划等方面的能力。

第五,发展性能力。发展性能力是指大学生适应职场变化特别是经济社会发展的需要,在工作过程中持续发展,实现自我价值的一种能力。它主要包括自主学习、创新创业、决策判断、把握机遇等方面的能力。

第二节　就业能力的培养

一、实践能力

教育部曾多次发文强调要大力加强实践教学,切实提高大学生的实践能力。要求高校积极推动研究性教学,让大学生通过参与教师的科学研究项目或自主确定选题开展研究。高等教育作为知识创新和技术创新体系的基础,其责任就是要培养具有创新精神和实践能力的高级专门人才，将实践能力的培养融入学校教育的全过程是时代发展和社会发展的需要，更是教育自身发展的需要。因此，寻求对大学生进行实践能力培养的有效途径，已经成为当前我国高等教育推进素质教育的核心课题。

（一）实践能力培养的必要性

1. 实践能力是毕业生与用人单位对接的桥梁

某高校多届本科毕业生质量跟踪调查报告指出，毕业生呼吁实践教学环节的强化是必须引起教育主管部门高度重视的问题之一。目前，用人单位出于自身效益考虑，要求"上手快"，基本不予新上岗者培训投入，加之人才市场供过于求，使用人单位占据主动地位，对招聘对象的适应期要求更加苛刻。我们所培养的对象能否很快对接职位，关键在于学校能否提供更有效的培养方式。所以，毕业生走向岗位后，一个强烈的感受就是：大学期间的实践环节不可或缺；参加社会实践与创新实践，是培养解决社会问题实际能力和工作创造性的重要途径。

2. 实践能力是高等学校培养人才适应社会的需要

近几年来，随着我国高等教育大众化改革的发展，各校的招生规模都在不断扩大，同时也出现了部分高校毕业生就业困难的问题。这里的缘由是复杂的、从表面上看，主要是因为大学所培养出的人才不能很好地适应社会的变迁和满足社会长远的需要，造成人才的相对过剩和就业困难。但是深究其因，从大学教育的角度分析，不难得出，这主要是由于过弱的文化陶冶、过窄的专业教育、过重的功利导向和过强的共性制约所造成的，而实践能力培养的缺乏恰恰是它们的突出表现。

（二）实践能力培养的主要途径

经过二十多年的实践，我国高校的学生社会实践已经初步形成了比较稳定的内容和形式。结合本院实际情况，主要介绍以下几种：

1. 暑期社会实践活动

这是 20 世纪 80 年代以来出现的发展最快、影响最大的实践方式。是指大学生利用暑期进行的时间相对集中的、大规模、大面积的社会实践活动。其内容十分丰富，包括社会调查（到革命老区、大中企业、乡镇企业、边远山区、经济特区参观访问，调查研究）、社会服务（面对社会各界的科技服务、教育服务、医疗服务、文化服务）、企业咨询（技术咨询、管理咨询）、专业调研（承担某项科研课题，围绕课题需要进行的调查研究）、科技扶贫、智力支乡、回乡考察、义务劳动、社会宣传以及慰问演出等。一般每年暑期进行 1~6 周。由于每年一次，时间集中，参加人数多，社会接触面大，直接对社会做贡献，对于促使每个学生树立理想、坚定信念、了解国情、热爱工农、增长才干，对于在校园内形成关心祖国、面向社会、服务人民的群众观念和良好风尚，是一个十分重要和卓有成效的教育环节。

2. 科技、文化、卫生"三下乡"活动

科技、文化、卫生"三下乡"活动是大学生们持续多年的一项社会实践活动，并且已经取得了可喜的成果。"三下乡"社会实践活动的内容包括科技扶助、企业帮扶、文化宣传、医疗服务、法律普及、支教扫盲以及环境保护等。大学生通过这些贴近群众的社会活动，体察民情，了解社会，既锻炼了自身能力，又加深了对社会的认识。

3. "青年志愿者"活动

大学生积极响应团中央号召，利用课余时间和假期开展了形式多样的"青年志愿者"活动，宣传公民道德，播撒文明种子。在活动中，大学生通过悬挂横幅、散发传单、现场解说、图片展览、出黑板报等方式，弘扬中华民族的传统美德和新时代先进的道德观念。他们宣传的内容包括"三个代表"重要思想、国家"第十个五年计划"、西部大开发等基本国策；他们在宣传科学，反对迷信和伪科学的过程中，积极倡导健康文明的生活方式。同时，还参加社会义务劳动，深入到敬老院进行"献爱心、送温暖"的等活动。他们把文明带进了千家万户，为社会主义物质文明和精神文明建设贡献自己的力量，受到了社会各界的广泛好评。

4. 社会调查

社会调查是社会实践常用的重要形式。毛泽东同志曾经指出"没有调查就没有发言权"，他和其他老一辈无产阶级革命家都十分重视社会调查。如今，在高校结合课堂教学与课外阅读，组织开展社会调查，对大学生接触社会，了解国情，树立正确的世界观、人生观和掌握科学的方法论具有十分重要的意义。

社会调查一般结合课程学习和论文工作进行，既可以安排在平时也可以在寒暑假和节假日；既可以分散进行也可以集中组织。但无论是哪方面的社会调查，都应该具有明确的对象和内容，并且应注重对学生的指导，此外，还要注意考核和检查，这样才不至于流于形式，从而收到实效。

5. 社会服务

指学生利用星期天、节假日或平时课余时间走向社会，从事各种义务服务活动（不取报酬）。常见的有街头宣传（宣传交通法规、环境保护、计划生育、雷锋精神等）、便民服务（修理自行车、修理家用电器、义务理发等）、咨询服务（技术咨询、管理咨询、法律咨询、医疗咨询、心理咨询等）、技术服务（推广新产品、新工艺、新技术、新材料，协助农村和企业解决技术问题等）、管理服务（为企业的管理出谋献策，为企业培训干部和职工）、医疗服务（送医上门、宣传防病治病知识、计划生育知识、用药常识等）、演出服务（送戏上门、慰问演出等）以及政法服务（参加乡镇、街道的人大换届选举，参加案件审理等），这种形式的特点是时间分散、细水长流、不取报酬。其实践的深度虽不及其他时间相对集中的形式，但能使同学们与社会的接触经常化，拓宽了与社会息息相通的渠道，有利于大学生树立为人民服务的思想，培养助人为乐的精神，不断增强社会责任感。

6. 公益劳动

公益劳动泛指人们利用休息时间从事的有利于社会公众的所有活动,简称义务劳动。一般在低年级大学生中安排 1～2 周公益劳动,例如组织学生参加重点工程建设,参加兴修水利工程,包括参加校内、外的植树绿化劳动,参加校内的除草、打扫环境卫生、修理门窗桌椅、清扫粉刷宿舍等体力劳动。

近年来兴起的"志愿者行动""社区援助"等活动,其实也属于公益劳动。我们这里所讲的公益劳动,主要是指在课余时间把学生组织起来参加一定的体力劳动和服务工作,以达到培养学生劳动观点、服务意识、团队精神和良好意志品质的目的,是社会实践的一种有效形式,对推动校园文化建设具有积极的作用。

7. 课外科技活动和课外创业活动

课外科技活动是指大学生利用课余时间参加一些科技活动。例如,为企业、事业单位解决技术难题或管理问题;为社会部门和单位研制计算机技术或管理信息系统软件;从事小发明、小革新、小制作等创造性活动。对于社会科学和管理科学类学生,利用课余时间进行专题调查研究或理论探讨活动。课外科技活动是一个充分发挥大学生主动性以及创造性的领域,有利于培养大学生热爱科学、积极探索、大胆创新、踏实肯干的精神。

课外创业活动是指高校学生个人或团队利用课余时间制订创业计划并付诸实践的活动。虽然读书期间将创业计划付诸行动的学生只是极少数,但参与创业计划的制订对培养创新精神、创业精神、团队意识等有很大的帮助,受到青年学生的广泛欢迎。近两年兴办的学生创业计划大赛已经成为高校校园一道靓丽的风景,引起了社会各界,特别是企业界和新闻界的密切关注。

8. 勤工助学活动

勤工助学活动是指学生利用课余时间进行的有酬劳动,是社会实践的有偿服务形式。勤工助学活动除了具有社会实践的一般教育意义外,还具有帮助学生增强经济自立能力、锻炼独立生活能力和实际工作能力的特殊意义。

9. 军训

对大学生进行军训是社会实践活动的重要内容。军训一般安排在大学一、二年级。内容包括军事训练、政治教育、品德作风教育和国防教育。军训有利于大学生克服自我中心意识和懒散作风,树立国防观念、纪律观念和集体观念,培养吃苦耐劳的精神和克服困难的坚强意志。

10. 专业实习

专业实习是结合专业教学进行的劳动实践,一般分为校内和校外两种类型。这个环节对培养学生从实际出发,虚心向有专长且实践经验丰富的专业技术人员、师傅等学习的作风,对技术、技能和知识的传承,对丰富实际知识,提高运用所学理论知识分析问题和解决问题的能力,都大有裨益。

二、创造能力

在大学生的创造活动中,创造性思维是获得创造成果最核心、也是最必要的因素。创造性思维通过有创见的思维活动,不仅能够揭示事物的本质,而且还能提供新的、具有社会价值的产物。千百年来,人类凭借创造性思维不断地认识世界和改造世界,从这一意义上说,人类所创造的一切成果都是创造性思维的外现和物化。要培养和开发大学生的创造力,就必须对创造性思维有深刻的认识和了解。

(一)创造能力培养的必要性

所谓创造能力,是指进行创造活动的能力,这种能力和所产生的结果在本质上是新颖独特、前所未有的。随着教育改革的不断深入,加强对大学生创造能力培养的问题,引起了各国的注意和重视。创造能力较强的人,其主要特征有:第一,具有创造能力的人。既要有扎实的专业基础理论和广泛的邻近科学知识,以及与本专业有关的新的科学知识,又要有熟练的基本技能和获取知识、运用知识、探索未知的能力。这是一个具有创造能力的人取得事业成功的基础。第二,具有创造性思维。一个创造能力较强的人往往在思维活动中表现出积极的求异性。他们既尊重科学,又不被传统观念和已有的知识所束缚,对已有的权威性的理论不迷信而是采取科学的创建性态度。对未知的领域有着强烈的探索兴趣和创造欲望,而对于一些习以为常的现象能从新的角度提出问题、研究问题。第三,具有良好的思想品质和坚韧不拔的毅力。

(二)创造能力培养的主要途径

1.激励创造性思维

为了提高大学生的创造性思维能力,除进行必要的创造性思维训练,掌握一般的创造性思维方法外,对创造性思维实施激励也是十分重要的。

(1)激发创造设想。对自己设立的目标要取得最终结果必须有信心,这样才能连续不断地做下去,不论遭到什么样的痛苦或产生多少错误。所以,创造者在发明创造中应采取积极的态度。同时,还要努力激发自己的创造欲望,要坚信自己具有创造力。有了这种强烈信念的指导,人们就会激发自己的创造欲望。

要培养创造欲望,必须使头脑经常处于活动状态,例如应该经常、反复地问自己"我能创造些什么?""什么东西需要我去创造?""我怎样进行创造?"。这样,一旦遇到机遇或可能,有些问题就自然而然地进入脑海而不会轻易溜掉。

(2)打破成规俗套。相信旧的模式可以被打破,花样可以被翻新;相信一个在思想、生活方式和技术等方面全新的世界可能会出现,这在理论上很多人都能接受。但在实际上,大部分人都不愿改变,不愿为学习和采用新方法付出必要的劳动。大多数人从幼年起就已形成满足现状的心态,新思想常常被误解成是过激的、有破坏性的。我们往往不会受到鼓励去创造新设想,因为它们可能破坏现有事物的规矩。

为发挥你最大的创造潜力,你必须要培养一个敞开的、放松的头脑。让所有的设想都能自由进入;愿意去思考不寻常的、不为人所知的设想;对新设想在没有做调查研究之前,能做到不急于下结论,不武断地拒绝它;愿意去探求无意中产生的想法,接受它,并在此基础上形成设想。

(3)提出"假如"思考。为了充分发挥一个人的想象力,激发其创造性思维,可以经常提出一些"假如"或"如果"的问题。这些假设不要求合乎逻辑和事实。例如,可以这样提出问题"假如世界上没有水会怎样?""如果世界上只有我一个人将会怎样?""假如没有太阳,世界将会怎样"等。这些问题的提出,对于创造性思维的激励很有帮助。

(4)克服从众心理。大多数人都有一种从众心理。一般情况下,从众心理对于完成普通的工作、执行常规的任务以及解决一般的问题是有利的。但是在创造性思维活动中,一个创造者如果不由自主地赞同或屈从于某个群体成员最初的想法,就会无形中使自己的思路沿着他人的轨道运行,从而落入俗套,限制自己的思路,减少新"主意"产生的概率。因此,创造者应当独立自主地把握创造契机,尽量减少"模仿他人",避免与众人"雷同"的思想和活动,以克服群体思维束缚自己的创造性思维。古今中外,伟大的发明者没有一个盲从于群体思维。

(5)消除对大脑的抑制。一个人如果连续工作的时间太长,就会降低头脑思考的清晰程度。长时间对大脑的压抑会降低头脑的工作效率,极大地影响创造性思维的发挥。可以通过游玩、聊天、听音乐或漫不经心的绘画等,不仅可以使人浑身轻松、精神舒畅,同时往往还会诱发灵感,导致新的创意,激发潜意识思维,产生创造性设想。有人在研究游玩对于创造的作用后发现,游玩有时也会激发创造性思维的产生,因为人们在游玩中不必注意实事求是和墨守成规,使思想处于自由奔放状态,这种情况往往十分有利于创造性思维的开展。

2. 创造性思维的训练

创造性思维的训练可以使人们摆脱各种思维障碍,从而产生许多创造性设想,再经过一定的操作而获得创造的成功。这种训练是经过一定量的训练题操作而完成的。训练题的种类较多,其中较为典型的有以下几种:

(1)扩散思维训练。训练的关键是找到扩散点,然后再进行思维扩散。一般情况下,扩散点如下:

1)材料扩散。例如"报纸",它的用途有多少种?经过思考可知,它能够传播信息和知识,可用来包东西、练字、做玩具、糊信封以及做道具等。

题目:牛奶、塑料袋、石头、旧牙膏皮、旧衣服和泡沫塑料等各有多少用途?

2)功能扩散。例如,"照明"有多少种方法?我们可以想到油灯、电灯、蜡烛、手电筒、反射镜、火柴、火把和萤火虫等。

题目：为了达到取暖、降温、除尘、隔音、防震和健身等目的，可以有多少种方法？

3）结构扩散。例如，"半圆形结构"能列举出多少种？名称为何？参考答案为拱形桥、房顶、降落伞、铁锅和灯罩等。

题目："○""▲"结构有多少种？名称为何？

4）形态扩散。例如，"红色"可以用来做什么事？可做信号灯、红旗、墨水、纸张、铅笔、领带、本子封面、衣服、五角星、印泥、指甲油、口红、油漆和灯笼等。

题目："香味""影子"和"噪声"可以用来干什么？

5）组合扩散。例如，"汽车"可与喷药机、冷冻机、垃圾箱、集装箱、通信设备、油罐、X光机和手术室等组合。

题目：圆珠笔、木梳、温度计、电视机、水壶、书、灯等可与其它哪些物品组合？

6）方法扩散。例如，"吹"可办哪些事情或解决哪些问题？思考后可知，利用"吹"的方法可以除尘、降温、演奏乐器、传递信息、制作产品及挑选废品等。

7）因果扩散。例如，"玻璃板"破碎有哪些原因？经过思考后可知，原因有撞击、敲打、棒打、重压、震裂或炸裂等。

题目：举出桌子、灯、砖、碗、杯、楼房、机床、汽车、变压器、河堤等损坏的原因有哪些？

8）关系扩散。例如，"人与蛇"的关系有哪些？蛇皮可制乐器，蛇胆、蛇毒可制成药，蛇肉可为美食；蛇既可供人观赏和玩耍，也可灭鼠；毒蛇咬人可致伤也可致死。

题目：太阳、鸟粪、黄金、计算机、信息管理、细菌与人的关系。

（2）异同转换思维训练。例如，"一分和五分的硬币"有相同点，也有不同点，都是哪些？通过观察可知，它们的相同点是银色铅制品、圆形、有国徽图案、有汉字和阿拉伯数字、侧视呈扁形、有齿形边缘以及流通后带有细菌等。它们的不同点是厚薄不同，直径、重量、图案、数字大小和齿形边缘条纹数不同等。

题目：举出钟和表、工人和知识分子、软件和硬件、发电机和电动机、两片树叶的相同点和不同点。

（3）想象思维训练：

1）图像想象。例如，对"○"图形，能否尽量多地举出与其相似的东西？例如盘香、发条、圆形电路盘、盘山公路俯视图、录音带、盘着的蛇、指纹、卷尺、草帽和水漩涡等。

题目：举出与图形"▲""S"相似的各种东西。

2）假设想象。

假设想象是通过对某种事物的回忆、推理和猜测，来想象将会出现的结果。例如，假如世界上一只老鼠也没有，将会怎样？可减少粮食和其他物品的消耗，不需制造捕鼠器和鼠药，不会发生鼠疫和儿童被鼠咬伤或咬死的现象，食鼠动物无食将破坏生态平衡等。

题目：若没有太阳、水、空气、石油、植物、动物，世界将会怎样？人类长生不老将会怎样？

（4）联想思维训练：

1）相似联想。例如，从"警察"想到"士兵"，从"太阳"想到"月亮"。

题目：猫，人，鸟，汽车。

2）矛盾联想。例如，从"大"想到"小"，从"白"想到"黑"，从"上"想到"下"。

题目：胖，美，聪明，加强，无控。

3）接近联想。例如，"钢笔"—放在桌子上—桌子摆在窗户附近—人开窗可见晴朗夜晚的星星。可以简写为：钢笔—桌子—人—窗子—星星。

题目：土—纸，树—球，老虎—鲜花，姑娘—罪犯。

（5）思维定式弱化训练：

1）5只猫用5分钟捉5只老鼠，请问，需多少只猫，才能在100分钟内捉100只老鼠？（限时1分钟）

2）你能用4根火柴摆出5个正方形吗？（限时3分钟）

3. 克服心理障碍

妨碍创造的障碍有来自个体内部的，也有来自外部环境的，特别是内部心理的障碍更是严重地妨碍个体创造力的发挥。认识并克服各种心理障碍对创造的抑制作用，有利于创造力的开发和培养。

（1）克服观念保守心理。人的活动与动物活动不同的地方，是人的活动有意识和有目的，即它是在一定观念指导下进行的。人对外在的事物是怎么看的，他就会怎么样去行动。新儒家代表人物贺麟谈到观念的作用时曾这样表述：观念在人的精神生活中所占的地位，就好像光在人的实际生活和行为上所占的地位一样，没有光，整个世界黑暗了；没有观念，整个人生就盲目了。一个个观念就好像黑夜中的盏盏明灯一样。系统的理论、中心的思想、事物的真理就好像日光、月光一样，随时随地照耀着、指引着人生和行为，使人的生活有意义、有目标、有指针。因此，观念对于行动的方向和结果具有重要的作用。

我们要修炼自己的创造能力，首先就要摆脱错误的有害于创造的观念，用正确的观念来激发我们的潜能，成为一个有强大创造能力的人。中国有句古语："神仙本是凡人造。"这句古语道出了一条颠扑不破的真理：创造力是作为智慧生物的人类具有的才能。也就是说，除了少数智力低下的人之外，对于一切正常的健康人来说，不论性别、年龄、民族、出身、地位、学历以及职务等，都具有创造力。创造力并不是神秘的或只有少数天才才具有的特殊才能，创造力是每一个正常人都具有的一种自然属性，是每个人都具有的一种潜在能力。实际上，人人都有创造的潜能，"创造力人皆有之"。

对任何人而言，只有创造的层次、差别不同，绝不存在有无创造力的问题。事实上，人的才能虽有高低之分，但无天壤之别。一个人如果有开创精神，又能不断进取，是不难做出伟大业绩的。历史上，普通人发明创造的事例不胜枚举。比如，只上了几年小学的爱迪生，一生中完成了上千件发明；图书装订学徒工出身的法拉第，在电磁学和电机发明上做出了重大贡献;在蒸汽机发明中做出划时代贡献的纽可门和瓦特,一个是铁匠,一个是仪器修理工等。俗话说,三百六十行,行行出状元。假如我们敢于站起来,相信"天生我材必有用";假如我们了解了创造的奥秘,提升了创造的能力,那么,我们的智慧潜能必然会释放出灿烂光华。

(2)克服自卑心理。心理学家认为,自卑是指人们由主观和客观原因造成的妄自菲薄、缺乏自信,认为自己在某些方面不如他人的一种自我意识。具有自卑感的人总认为自己事事不如人,自惭形秽,丧失信心,进而悲观失望,不思进取。一个人如果被自卑感所控制,其精神生活将会受到严重的束缚,聪明才智和创造力也会因此受到影响而无法正常发挥作用。所以,自卑是束缚创新的一条绳索,是开发创造力的首要障碍。自卑感强的人,看不到自身的创造潜能,也意识不到这种潜能有待于自己主动地去开发。自卑感常使人只能看到自己的短处,看不到自己的潜力和长处,甚至根本不知道自己的长处。他们常常问自己:"别人都未成功,我能行吗?"久而久之,他们的自卑感就越来越重,这极大地阻碍了创造力的发挥。

一个人无论自己的实际情况如何,只要能够承认自我,就有充沛的自信心去面对创造中遇到的一切困难和挫折。要充分相信自我,肯定自我,只有在充分相信自己有用的基础上,才能做好每一件事。也就是说,只要相信自己能成功,你就会赢得成功;只要相信自己有创造的能力,你就会拥有创造的能力。这话听起来似乎有些玄乎,然而,信心的威力,并没有什么神奇或神秘可言。信心起作用的过程是这样的:相信"我确实能做到"的态度,就会激发储藏在自己身体内的潜能(这种潜能或是遗传,或是后天习得,但处于潜藏状态),找到解决问题的新办法,并最终获得成功。

相信自我、肯定自我是取得人生成功的关键。培养自信心,首先应当查明自己信心不足的原因,然后再"对症下药",进行纠正、补充和增强。增进知识和能力,尤其是提高自身的综合能力水平,它是培养和提高自信心的基础。此外,根据心理学的研究成果,从以下几方面进行训练有助于增强自信:

一是心理暗示。信心是一种心理状态,可以用成功暗示予以诱导。具体的做法是反复给自己灌输正面的、肯定的语言,使这些正面的、自信的语言在潜意识中扎根,从而强化自信心。

二是寻找力量。成功人物的传记和成功奋斗的经历,可以帮助人们找到勇气和力量,从而增强自信。

三是自我分析。将自我因素放在大背景中分析就会发现,尽管有些人比自己强,但有些人甚至更多的人比自己差。卡耐基曾说过:"当你担心没有鞋时,却有人没有脚。"这种在大背景下进行的自我分析,往往可以使人们跳出个人小圈子的局限,看到自己的前途和希望,从而树立起自信心。自我分析的第二方面,可以通过列举自己的成就来增强自信心。花些时间,仔细回顾自己的人生之路,如数家珍般地一件件列举出自己大大小小的成功。面对这些成绩、成功的体验,往往可以使人信心倍增。

世界著名的心理学家阿德勒在《战胜自卑》一书中指出,一个人生活的热情来自于他对生活意义的把握和理解，来自于对生活的态度和对自己的认识。面对现实，接纳自己，你就会获得自信，就会创造一个属于你的奇迹。

大卫·史华兹博士提出了建立自信的五种方法。

1）挑前面的位子坐。你是否注意到，在教堂或教室等各种聚会中，后面的座位是怎么先被坐满的吗？大部分坐后排座位的人，都希望自己不会"太醒目"。而他们怕受人注目的原因就是缺乏自信。

2）正视别人。一个人的眼神可以透露出许多有关他的信息。一个人不正视你的时候，你会直觉地问自己："他想要隐藏什么呢？他想对我不利吗？"不正视别人通常意味着："在你旁边我感到很自卑。我感到不如你。我怕你。"躲避别人的眼神也意味着："我有罪恶感。我做了或想了什么我不希望你知道的事，我专注你的眼神，你就会看穿我。"都是一些不好的事情。正视别人就等于告诉他："我很诚实，而且光明正大。我相信我告诉你的话是真的，毫不心虚。"要让你的眼睛为你工作，也就是专注别人的眼神。这不但能给你信心，还能给你赢得别人的信任。

3）把你走路的速度加快百分之二十五。许多心理学家告诉我们，借着改变姿态与速度，可以改变心态。你若仔细观察就会发现，身体的动作是心灵活动的结果。那些遭受打击、被排斥的人，走路都拖拖拉拉且散漫，完全没有自信。有一种人则表现出超凡的信心，走起路来比一般人快，像是在短跑。他们的步伐告诉这个世界："我要去一个重要的地方，去做很重要的事情。更重要的是，我会在15分钟内完成。"使用这种"走快百分之二十五"的技术，可以帮助你建立自信心。抬头挺胸走快一点，你就会感到自信心在提高。

4）练习当众发言。有很多思路敏锐、天资高的人，都无法发挥他们的长处参与讨论。并不是他们不想参与，而只是因为他们缺少自信心，在会议中沉默寡言的人都认为："我的意见可能没有价值，如果说出来，别人可能会觉得很愚蠢，我最好什么也不说。不要让他们知道我是怎样。"这些人时常会对自己许下诺言："等下次再发言。"可是他们很清楚自己是无法实践的，每次这些沉默寡言的人不先发言时，他就又中了一次"不可能"的毒了，他们就会越来越丧失自信。但是就积极面来看，如果尽量发言，就会增强自信心，下次也更容易发言。所以，要多发言，这是自信心的营养素。

5）咧嘴大笑。大部分人都知道笑能给自己很实际的推动力，它是增强信心的良药。但是仍有一些人不相信这一套，因为在他们恐惧时，从不试着笑一下。你如果尝试大笑，就可以给你自信心，驱除恐惧、忧虑和忧伤。因此，开发创造力首先要克服自卑感。要做到这一点，就必须端正态度，重新认识自己所具有的潜能，树立自信心。只要自卑的障碍得以突破，自信的信念就会产生，创造活动就会向纵深方向发展。当然，自信对创造成功固然重要，但没有根据的盲目自信，就是自负、妄自尊大，对创造毫无帮助，有时甚至会阻碍创造。我们提倡的自信，是建立在有理由、有根据上的自信，它从不是怂恿人去蛮干，冒无畏的风险，而是鼓励人们去把握那些有根据的机会。

（3）克服遵守规则心理。我们生活在一个由各种各样规则编织成的社会网络中，每一个人都在这个规则之网中思考、活动,从而保证社会的有序发展。在我们的观念中,不守规则是错误的。一个"不守规则"的人,几乎等同于一个"不诚信"之人,在社会上很难立足,更谈不上发展。然而,如果我们真的全心全意地依赖这一点,我们很可能成为一个毫无创造能力的平庸之人。因为遵守规则基本上是维护和巩固一种已有的秩序,而创造则必须对已有的秩序有所改变。当人们进行创造性思考、孕育创造性见解的时候,"遵守规则"往往就像一具无形的枷锁,成为创造发明的障碍。因此,只有敢于向规则挑战,克服遵守规则的心理,才能为创造发明开拓出一条康庄大道来。创造是对规则的超越,常常需要另辟捷径。社会之所以发展,科学之所以前进,无不是对原有规矩的超越甚至是打破。科学的发现和发明如同竞赛,为使竞赛顺利进行,制定某些规则是必要的。但是"犯规"又是在所难免的。在创造活动中,克服遵守规则心理,敢于向规则挑战、敢于改变规则、敢于探寻和确立新规则已经成为创造发明的有效战略。

(4)克服遵守逻辑心理。什么是逻辑?简单地说,逻辑就是思维的规则。在正常情况下,人的思维和行为都符合一定的规则。依据这种逻辑的规则,从已知可以推出未知。在科学探索和认识过程中,遵守逻辑规则无疑是减少错误,寻求正确答案的有效途径。我们时时刻刻都在有意无意地运用着逻辑的力量。但这种神奇的力量又常常阻碍着我们去发现"新大陆",去创造新的事物。因为创造往往是对旧的模式和规则的一种扬弃,对许多尚在襁褓中的新创意、新思想来说,它们往往是与原来的逻辑规则不相容,甚至是截然相反的。如果以其"不符合逻辑"来加以否定,对那些刚刚萌芽的创造幼苗来说,无疑是一道剥夺其生存权利的死刑判决书。因此,如果我们在认识和思维中,把是否符合逻辑作为判定其科学性和合理性的唯一标准,以"这不符合逻辑"对一些新的想法断然加以否定,这不仅对创造不利,而且还会成为阻碍。

(5)克服迷信权威心理。"权威"在词典里的意思有两个:一个是指使人信从的力量和威望,另一个是指在某种范围里最有地位的人或事物。我们每个人心中或多或少地都有权威情结。一方面,权威情结给我们的生活提供了方便,但在另一方面,权威情结又消解了我们的主体性和创造性。因为在权威的情结下生活惯了的人们,习惯于听从权威而失去了独立思考的能力,习惯以权威自居的人,常常摆老态度,不思进取。因此,为了培养自己的创造品格,我们在尊重权威的同时,必须警惕权威崇拜,弱化对权威的迷信,克服迷信权威的心理。

权威的产生根源于世界的无限与个体的人认识有限之间的矛盾。世界在时空上是无限的,而单个人无论是从活动所及的空间或是生存延续的时间,都是有限的。有限的生命和有限的活动场所决定了人无法涉及很多领域,对很多东西认识不到或认识不深,不可能成为各个方面的专家。然而,具体的个人可以认识有限的方面,可以在某一领域成为专家。因此,有人对某些领域深有研究,有人对这些领域却是一无所知或是知之甚少,那些深有研究的人说的话、做的事就在特定的条件下总被证明是正确的,因而被人称为权威。一般情况下,听从权威的忠告,就容易成功,不按权威的说法办事,就容易失败。正反两方面的经验,都在强化着权威的地位和对权威的信任,当这种信任达到一定程度后,就成了对权威的迷信。

在创造活动中，迷信权威是一大心理障碍。对权威不能过分迷信，创造来自批判、来自怀疑。我们应当相信并尊重权威，但不能迷信。

如何弱化脑中的权威迷信呢？

第一，正确分析看待权威。我们内在地形成了对权威的迷信，那么，我们在观念中就必须认识到自己已经有了对权威迷信的思维定式。因此，寻找权威的看法、分析权威的论述时，就需要注意。首先，从时间上思考权威的思想和理论是否过时。按时间的发展来说，任何权威都只是一时的权威，随着时间的推移，旧的权威理论逐渐会被新的理论所取代。其次，从地域范围思考权威的观点是否有普适性。有些权威是从外地引进的，在外地可能很有效，但在本地可能行不通，如果你经常按这种思维方式思考问题，也会受权威因素的影响。最后，注意识别凭借外力体现的权威。权威的产生有时是微妙的，有些权威是借助某种力量形成的，例如借助政治力量、经济力量、名人推荐的力量等，面对这种权威，我们应多多思考，不可盲目轻信。

第二，追求真理，实事求是。要想追求真理，一切从实际出发，就不能迷信权威，就必须具有怀疑的精神。

4. 不向挫折和失败屈服

失败是创造活动中必然要遇到的现实问题。害怕失败是创造力开发的一个重要障碍，这种障碍主要表现为有人感到失败是一种耻辱，失败被人看不起。在这样的压抑心理状态下，要开发创造当然是不大可能的。事实上，在成功的道路上往往伴随着无数次的失败与挫折，一举成功的实在是太少。如何对待失败、应对困难和挫折是高创造力的人能否取得成功的关键。一位作者曾经写道："失败能培养出进行创造性活动的性格"，因为一个人经受的失败越多，他就越有充分的准备来应对再次的失败。所以，承担的风险越大，成功的机会就越大。

爱迪生说得好："失败也是我需要的，它和成功对我一样有价值。只有在我知道一切做不好的方法之后，我才知道做好一切工作的方法是什么。"失败是成功之母，作为大学生，只要勇敢地投身于创造潮流之中，就会取得成功的。

5. 培育勇敢精神

勇敢是创造个性中最重要的特征，被誉为创造者的第一素质。勇敢之所以比其他特征重要，是因为任何才干离开了勇敢，就不能达到创造的水平。马克思有句名言："在科学的入口处，就像在地狱的入口处一样，必须提出这样的要求：'这里必须根绝一切犹豫，这里任何怯懦都无济于事。'"创造是有风险的探索活动，创造的最危险的敌人就是胆怯。在创造过程中，胆怯往往会磨灭想象力和独创精神，会使一个正在叩敲真理大门的人失去发现真理的机会。著名数学家高斯早在1824年前就创立了非欧几何，但是由于胆怯，害怕发表后遭人嘲笑，一直到去世也不敢公布该项研究成果。对公认的东西表示怀疑，除旧布新，需要勇敢；善于想象，提出好像不能达到的目标，然后去努力达到它，需要勇敢；不怕自己的见解同大多数人的对立,甚至冲突,也需要勇敢。进行创造活动,就是要去做别人没想过、没做过或没做成功的事,没有勇敢精神是不行的。

大学生中的多数人有满脑子的梦想,也有惊人的毅力,但常常受传统教育模式的限制而把一切赌注都押在"应试"和死抠书本上,很少有"尝试"的兴趣和勇气,所以才会有"高分低能""缺乏做事经验"等种种不足。摆脱这些"死气"的途径,就是进行自主探索和创造发明活动。实际上,没有做事之前,什么都困难。因为你既没有做事的资源,也没有做事的经验。如果你开始起步去做事,你很快就会发现,周围的资源并不是特别稀缺,只是它们散乱地分布在生活的各个层面,而缺少某种强力因素来凝聚而已。而"思想上的大无畏"精神使人能够冲破传统的束缚,登高望远。

6. 磨砺顽强的意志力

创造是人类最高尚也是最艰巨的事业,要创造成功,必须付出汗水、体力、智力和心血,要以顽强的意志与毅力去为成功奉献和拼搏。对于创造性人才来说,他们最显著的特征就是具有顽强的意志,百折不挠以及锲而不舍的毅力。许多科学上、艺术上的创造都是"持久战"的产物,若没有顽强的意志是不可能完成的。李时珍为了写出巨著《本草纲目》,博览历代医药文献 800 余部,踏遍深山老林去寻觅、校对各种草药,前后足足花了 27 年时间,才完成这部长达 12 卷的"东方医药圣典"。曹雪芹写《红楼梦》时则披阅 10 载,大修 5 次,正如他自己说的"字字看来都是血,十年辛苦不寻常"。历史告诉我们,只有那些不畏艰险、不惧攀登、不怕挫折的人,才能坚持走到路的尽头,摘到成功的果实。顽强是使创造活动得以在困境中持续发展,在险途上始终前进的强劲动力。因此,要创造成功,就需要坚强的意志力作支撑。

意志力不是先天的,是在实践和奋斗中逐渐培养和锻炼出来的。那么,怎样在实践中培养和锻炼自己的意志力呢? 首先,顽强的意志力是建立在对信念和目标的执着追求的基础之上的。创造需要耐心,需要坚持。而目标和信念是支配人生的无畏而深沉的力量,有了这样的目标和信念,才能有足够的意志与毅力去克服创造中的一切困难,从而取得成功。如果没有坚定的信念和远大的奋斗目标,就可能会被困难吓倒。在困难面前退却,表现出软弱、恐惧,而不是战胜一切的勇气。因此,锲而不舍地追求目标,直到最后的胜利,是锻炼意志,迈向成功的关键一步。其次,从失败和逆境中磨砺意志。古往今来,多少伟人和名人,历经磨难,都曾经陷入过失败,但他们却能从失败和逆境中奋起,将它们化作成功的动力,从而取得了一个个辉煌成果。再次,培养坚韧不拔的精神。每天都用坚韧不拔的精神做好当天的事情,这样下去就养成了习惯。一些体育锻炼项目,例如冬泳、长跑等,可以培养我们的意志力。最后,培养自己充足的信心。自信心较弱的人在挫折和失败面前,容易对自己所做的事情产生怀疑,从而失去意志。自信心强的人,会在困难面前表现出坚强的意志力。一次又一次地遭遇困难,一次又一次地越过难关,使他们的意志更坚定,信心更充沛。

在创造活动中,总会遇到各种各样的困难与问题,大学生要用顽强的毅力去克服困难,才能获得成功。

7. 树立正确目标

目标是创造的前提。如果有一个目标值得你终身去追求、去奋斗，那你就会克服一切困难，把自己的所有力量，甚至包括生命，奉献给所追求的目标。因此，大学生要获得创造的成功，就必须要树立远大的目标。

当然，在确定目标的过程中，要注意目标的正确性、具体性和可行性。

（1）目标要正确。目标正确是创造成功的开端。目标错误，创造就无从谈起，甚至把人引入歧途。所以，走向成功的第一步是制定正确的目标。

（2）目标要具体，要善于确定恰当的目标。创造不是一蹴而就的事情，如果一个目标定得过高，脱离实际，则不易实现目标，取得创造成功。因此，在未达到目标的过程中，可将一个大的目标分解为近期目标、中期目标和长期目标，把创造性活动设置成由低到高、分步实施的"阶梯形"。付出一定努力后，每跨一个台阶，也就完成了一个创造，可以从中获得成功的乐趣，激励创造的自信，从而在融融的乐趣和强烈的自信中步入"创造的大门"，继续进行创造性的活动，实现创造的价值。

（3）制定目标要从实际出发，要有可行性。人们在选择目标时，容易受环境干扰，而忽略了自身的素质条件和现实条件。所以，制定目标要从实际出发，要有可行性。首先，根据个人的气质、兴趣和爱好等选择目标。人的气质与目标设定有密切的关系，胆汁质的人精力旺盛、坦率、刚直、热情，情绪易于冲动，反应较快，具有外向性特征，比较适合从事管理方面的创造活动。多血质的人活泼、好动、敏感，反应迅速和动作敏捷，喜欢与人交往，注意力容易转移，兴趣和情绪易变化，比较适合从事文学、艺术创造活动。黏液质的人稳重、安静、踏实、反应迟钝，情绪不易外露，态度持重，注意力稳定，不易转移，忍耐力较强，是一种比较内向的性格，较适合从事基础科学研究。抑郁质的人具有孤僻、怯懦、犹豫不决、行动缓慢的特点，办事细心，处世谨慎，善于观察。当然，多数人的气质是一种复合性的。同时，在确定创造目标的时候，还要充分考虑自己的爱好，不要选择那些自己兴趣不大的事情为创造发明的目标。人在从事自己喜欢的工作的时候，不会把工作当负担，而是把它当作乐趣，做得越多，就越高兴、越愉快，效率就越高，成功的可能性就大。其次，根据现实的能力条件确定目标。制定个人创造的目标，必须先认识自己的能力，看自己有没有能力达到这一创造的目标，预测目标与基础有多大的距离，凭自己的能力能否缩小这种距离。在军事史上，许多战争就败在对胜利目标的急躁冒进，对自己能力或者军事实力缺乏正确的了解。著名的法国统帅拿破仑就是一例，在一定意义上，滑铁卢之败就败在拿破仑对自己的军事实力缺乏清醒的认识。大到一个国家、一支军队是这样，小到个人也是这样。但是，尽管制定目标不能离开自己的能力水平和现实条件，但是也不能低于现实能力条件所能达到的标准，制定创造目标不能过高或过低，高了没有成功的可能，低了就没有创造的意义。

目标指导着创造，激励着人们为实现创造目标而努力；目标又是创造的结果，只有创造成功，才能实现目标。

8.保持健康的情感

情感有不同的分类法,或分为爱、恨、快乐、愤怒、恐惧、悲哀、厌恶、羞耻和惊讶;或分为道德感、理智感和美感。情感是创造的动因,在人们的创造活动中,会遇到很多人和事,会引起不同的情感反应。有时是积极的情感反应,如开心、放松、沉醉、快乐、愉快和兴奋等,有时则是消极的情感反应,如沮丧、悲痛、失望、讨厌、忧愁、嫉妒和伤心等,不一而足。什么样的情感最有利于创造呢? 心理学研究表明,乐观、坚定、自信和愉快的积极情感对人的创造活动起"增力"作用。因为在这种积极的情绪下,创造性思维和想象力最容易显现,稍纵即逝的创造灵感也最容易闪现。一个对周围环境、周围事物表现冷漠,没有激情,或情绪不稳定、工作不负责任的人,很难想象他在工作、生活和学习中能有所发现,有所创造。因此,积极的情感体验能使人精神焕发、蓬勃向上,而消极的情感体验则会消磨你的意志,给你的创造活动带来负面影响。大学生想要获得创造的成功,就要保持健康的情感。

怎样保持健康的情感呢?

第一,要有创造热情。创造热情不是一般的情绪体验,它是随着创造者对创造目标及其意义的认识而产生的一种积极的情绪体验。它突出地表现在进行创造活动时的情绪体验、动作节奏加快和活动的持续进行。有了持久的热情,才能推动人去深入地钻研感兴趣的事,从而获得系统而深刻的认识,取得创造的成功。

第二,要有善于驾驭情感的能力。不做情感的奴隶,而是全面地把握、驾驭它。失败时,想到成功的喜悦,失败可以成为成功之母;困顿时,可以静心研究该怎样处理,解决问题的钥匙就在你手上;烦恼时大叫几声,放声高歌,也能使自己轻松。总之,情感驾驭能力较低的人常需与低落的情绪交战,浪费过多的精力与时间,对于创造活动不利,而对情感驾驭自如的人则能很快走出生命的低谷,重新出发。

第三,掌握控制情绪的心理方法。情绪是情感的外部表现,情感是情绪的本质内容,因此,培育情感就是掌握控制情绪的心理方法。控制情绪的心理方法主要有四种。一是言语调节法。言语是体验和表现情感的强有力工具,通过语言可以引起或抑制情绪反应。即使是不出声的内部语言,也能调节自己的情绪。通常挂在墙上的条幅,摆在桌头、床边的警语,对控制紧张情绪大有益处。二是注意转移法。注意转移就是把自己消极的情绪转移到有意义的方面。如在烦恼时,欣赏一些能唤起内心力量的音乐,就能获得良好的效果。三是行动转移法。行动转移法就是把某些情绪转化为行动的力量。比如,在创造过程中受挫后,既可使人垂头丧气,也可使人激发起发奋的力量。四是意识调节法。意识能够调节和控制情绪的发生和发展。人们以自己的意志力量来控制情绪的变化,用社会规范和理性标准来约束自己的情绪,使自己成为能驾驭感情的人。

第四,要保持乐观的心态。创造是探索未知领域,发现新事物,在创造中肯定会遇到挫折、困难,甚至失败,这必然给我们带来沮丧、焦虑、紧张等不良的情绪体验。如果因为有困难和挫折,就陷入无穷无尽的烦恼中,那烦恼就永无休止;反之,创造充满乐趣,如果你善于发现积极的一面,努力克服创造中的困难,就可以从创造中享受到极大的乐趣。一边创造,一边享受，在创造中消解一切痛苦和不愉快。正如一位心理学家所说："我从来没有遇到过哪一个快乐的人不是投身一项自我以外的工作或事业的。正因为这样的人在生活中有一个使命，他们才不会是自私自利、患得患失的。对他们来说，快乐是工作和责任的一个伴生物。"

情感可以左右每个人的思维和行动，可以直接影响到个人成就。大学生在创造活动中不能随心所欲，只凭习惯去运用它，必须要用头脑、理智去驾驭它、调适它，使之有益于我们的创造活动。

9. 激发积极的创造动机

动机是激发和维持人们的活动，并使其朝着一定目标努力的心理倾向或内部动力。人类任何行为的产生和维持都离不开动机，动机是各种行为的直接推动力。创造是人类活动的一种，和所有活动一样，需要创造动机的激发和维持。一般来说，一个人创造动机的萌动分两种途径：一是由人们内在的需要引发动机，例如兴趣、爱好等。这种动机可分为不同档次：最低档次是为了获得一定的利益而萌发的创造动机，较高档次则是为满足某种精神需要而萌发的创造动机，如认为发明创造是一种享受，可以获得某种成功感等；最高档次是由伟大的抱负及对人生和世界的深刻理解而激发的创造动机，具有较强的持久性。有了这种动机，在任何情况下遇到任何困难都可以强制自己去克服，因而是最宝贵的一种的形成途径。二是人们在外界的要求和外力的作用下所产生的行为动机，即外部动机。如上级交给的指令性科研课题，领导委派的开发任务等。一般有一定责任心的人，也可以在一定的时期维持较强的创造动机。这表明，作为领导者经常分配给下属一些创造性的课题任务，不失为一般人开发创造力的好途径。在众多科学家、发明家和企业家的传记中，我们发现，他们都是很有活力、目标明确的人。他们的目标既有外在的，如金钱、权力和名誉；也有内在的，如自我表现、自我挑战等。所有这些动机使他们能够专注于自己的工作，最终取得丰硕的创造性成果。在科学研究领域中，他们发表的论文比别人多；在工业领域中，他们发明的东西比别人多，经营的事业比别人兴旺。作家夏洛蒂·肯德勒在《最大的诱惑》一书中，对一些成功人士进行了专访，他总结说："对所有这些成功的人来说，生活中最大的诱惑就是工作。"在这些成功者看来，"生活有了目标，运气就会随之而来"，"你心中要拥有一个梦想，这样你早晨才能起床"。

大学生要发挥创造潜能，真正做出创造性的成果，获得创造的成功，必须要培养和激发创造动机的能力。而要培养和激发创造动机，最根本的是要有强烈的创造欲和社会责任感，这是激发创造动机产生的思想基础。

首先，要有强烈的创造欲望。哲学家埃瑞克·霍夫认为，欲望具有富于创造性的一面。"人们总是说才华会为自己创造机会，但有的时候似乎是强烈的欲望为其才华创造机会"。有追求和可以满足的欲望，你才可能有足够的动力去想、去搜集信息和资源，去探索和构想各种创意和解决方案；以正确的态度来对待金钱和成功，对待自己的欲望和追求，它将会约束我们自己创造力潜能的发挥。转变观念，走出传统教化的误区，去积极地追求和创造自己梦想的东西,就一定可以借助于自己的创造力潜能赢得更多的财富和资源,来获得更多的成功和名望。

其次,要有社会责任感。优秀的发明家总是把献身发明创造活动、造福人类作为自己的崇高理想。爱迪生说过:"我的人生哲学是工作,我要揭开大自然的奥秘,并以此为人类造福。我们在世的短暂一生中,我不知道还有什么比这种服务更好的了。"正是造福人类这一崇高理想,铸造了许多伟大的形象。著名化学家诺贝尔曾经豪迈地说:"我是世界的公民,应为人类而生。"诺贝尔终身遵守着自己的诺言,他对人类最大的贡献是发明了硝化甘油炸药。在试制炸药的过程中曾多次发生爆炸,1864 年 9 月的一次严重爆炸使工厂被炸毁,诺贝尔的小弟和 4 名工作人员一起丧生,尽管诺贝尔也多次被炸得浑身是血,但是他从不灰心,从不退缩,勇敢地面对死神。因为诺贝尔心里十分清楚,炸药一旦用于生产,将给人类创造极大财富。

10. 确立正确的信念

信念是个人对某种观念的执着,意味着个人对某种观念的深刻理解,并对其怀有深刻而持久的情感体验,它使人的行为具有明确的目的性,从而表现出很强的意志力。人们的创造活动一般是在某种信念的强烈支撑完成的。因为在追求目标的过程中,必然会有许多挫折和困难,要想坚持到底,不半途而废,必须有很强的信念作为支撑。

创造需要信念,信念能使一个人产生积极的心理状态和行为,能不畏艰险、不怕挫折去战胜困难,从而取得创造的成果。但信念是多种多样的,有科学的信念,也有非科学的信念;有积极的信念,也有消极的信念等,但并不是所有的信念都是创造活动需要的。要想获得创造的成功,首先,就应该树立科学的信念。袁隆平等科学家之所以能成功,就是因为他们的信念不是凭空而来,任意幻想的,而是来自于实践,是建立在科学依据之上的。由于一开始就有坚实的信念,这就为以后信念的坚持并取得最后的胜利奠定了基础。其次,应该树立积极的信念。一个人的信念既可以是积极的,也可以是消极的。积极的信念能使人乐观向上、朝气蓬勃,消极的信念则会使人退缩畏惧、丧失斗志。从成功者的信念来看,他们始终充满了斗志,充满了积极乐观的精神。因此,信念成为引导和鼓舞他们朝着既定目标前进的指路明灯和推进器。最后,应该树立坚定不移的成功信念。在向目标迈进的过程中,肯定会遇到很多困难和障碍,这是对信念的最好考验,创造成功者能克服这些困难和障碍,把困难和障碍当作机遇和动力,从而愈战愈勇,愈战信念愈坚定。大学生要树立科学的、积极的、坚定的信念,使其成为创造成功的巨大精神支柱。上述各种描述和假设揭示了高创造力者的人格特征。不过,所有这些看法和概括都只能看作是一种假说,只能看作是一种努力完善的理想。在某种意义上可以这样讲,你修炼出了这些理想品格,你同时也就开发了自己的创造力。

三、就业能力

就业能力是指大学毕业生在校期间通过知识的学习和综合素质开发而获得的能够实现

就业理想、满足社会需求以及在社会生活中实现自身价值的本领。也指人们从事某种职业所具备的能力，包括基本就业能力与特殊能力。美国教育与就业委员会关于就业能力的定义是：就业能力是获得和保持工作的能力，进一步讲，就业能力是在劳动力市场内通过充分的就业机会，实现潜能的自信。尽管就业能力的定义虽然各不相同，但总的来说，就业能力是一种与职业相关的综合能力。

（一）就业能力培养的必要性

就业能力是一种综合能力。关于就业能力具体包括一些什么能力，至今仍没有定论。有的人认为，在内容上，它包括学习能力、思想能力、实践能力、应聘能力和适应能力等。还有人认为，是使大学生顺利就业应具有五个要素：一是就业动机及良好的个人素质；二是人际关系技巧；三是掌握丰富的科学知识；四是有效的工作方法；五是敏锐、广阔的视野。还有的研究者认为，就业能力的关键项目包括责任感、找工作和得到工作的技能、推理和解决问题的能力、健康和安全习惯、个人特质等。

在校学习期间，大学生要清醒地认识到只有练就过硬的就业能力，今后才能为自己找到理想的生存环境，进而达到服务社会和实现自我价值的统一。如果大学生不能就业，就会成为社会的负担，更谈不上自我价值的实现，也谈不上报效祖国。

（二）就业能力培养的主要途径

1. 遵守大学生就业准备的原则

就业准备是未就业者为了能从事某种职业或获得某种职位，在一个相当长的时期内所做的准备工作。对于大学生来说，它是就业的基础和前提，是非常重要的。一方面，就业准备是大学生求职、择业的准备。大学生只有进行了必要的就业准备，才有可能选择相应的求职、择业行为。做好了充分的就业准备还有助于大学生选择一个理想的、合适的职业，实现就业目标。另一方面，就业准备是社会发展的客观需要。随着社会经济的繁荣和科技的进步，社会职业对从业者的身体素质、心理素质、思想素质、科学文化素质等提出了新的要求。这就决定了大学生只有做好充分的就业准备，才能适应社会发展对人才的客观需要，更好地为社会做贡献。大学生经过多年的勤奋学习，掌握了一定的知识和技能，最终将走向社会，实现其人生理想与追求，成就一番事业。因此，选择职业是人生的一件大事。对当代大学毕业生而言，正确的职业选择有利于发挥自己的才智用以报效祖国，也能为实现个人理想与抱负提供更广阔的天地。

职业选择指的是大学生在一定职业需要的策动下根据社会需求所做出的选择行为。为使职业选择不脱离现实，又能满足自己的理想，大学生择业除了要树立正确的就业观念，深刻领会国家制定的大学生就业政策外，还要注意把握一定的原则。

（1）服从国家需要，适应社会需求。作为接受党和国家培养、教育多年的大学生，在选择自己的职业时，应该把国家利益和社会需要放在首要位置，把个人意愿和社会需要结合起来，把个人理想融入祖国和人民的共同理想之中。当个人利益与国家利益发生矛盾时，要顾全大局，服从国家需要。因为大学生虽然以不同的方式憧憬并塑造着自己所期望的未来，但毕竟还是生活在社会中的，只有把个人利益和国家利益、个人意愿和社会需要紧密结合起来，才能使自己真正融入社会中，成为被社会认可的人才，从而实现个人的远大理想。

目前，西部大开发、振兴东北地区等老工业基地、西部地区"两基"攻坚、推进农村卫生服务体系建设和"大学生志愿服务西部计划"等都是国家大力支持的项目；能源、交通、原材料、通讯、国防、航空航天、农林等部门是我国国民经济建设中的发展重点；大力发展第三产业，是我国经济发展的一项战略决策。在未来几年，这些势必将成为我国人才需求的主要市场。所以，大学毕业生在选择职业时，应该首先立足于这些国家需要和社会需求的大局。

（2）面对现实，客观评价自己。随着社会主义市场经济的发展，人才的竞争将越来越激烈。

1）总体就业形势严峻。城镇新增劳动力以及下岗工人再就业、农民工返城、大学生就业的"三峰叠加"，尤其是高校毕业生总数的增大，造成总体的就业形势比较严峻。这就要求大学生必须正确认识自己，并根据社会需要来调整自己的知识结构，不断充实、完善自己，努力为自己创造适合社会需要的条件。

2）正视双向选择的客观现实。用人单位从实际工作需要出发选择人才，并分层次择优录用求职者，大学生必须遵循这一客观现实：在你选择用人单位的同时，用人单位也在选择你。就总体而言，虽然社会对大学生的需求在不断增加，国家为大学生就业创造了更加宽阔和良好的环境，尤其是在政策方面，积极支持、鼓励推动和促进毕业生就业和创业，但是具体到某个地区、某个学校、某个专业，情况就不尽相同了。

3）社会需求的变化。因为社会发展变化迅速，不同时期的人才需求数量和模式也有很大变化，更何况经济活动有一定的波动性，一定阶段的生产力发展水平和社会劳动分工结构会直接影响用人单位和社会对专业人员数量、规模、质量及所学专业的要求。人才的社会总需求情况是大学生在择业时必须认真面对的现实。

大学生应该现实地分析自己所处的择业环境，了解国家的有关政策、正在实施中的改革措施及发展趋势、劳动人事管理办法及动态、用人数量和标准等，还应该尽可能全面、详尽地了解。

每个大学生都应该对自己的能力有一个客观、公正的评价和正确的认识，知道自己有什么兴趣、爱好、能力、性格、气质、特点，客观地考虑自己能干什么和不能干什么，这就是所谓的"知人者智，自知者明"。只有这样，毕业生才能避免盲目择业。

（3）主动求职，把握主次。毕业生就业制度的改革，使得大学生在择业过程中更能发挥自己的主观能动性。大学生要想得到理想的工作，就必须主动参与，敢于竞争。这就要求我们一方面要主动把握择业契机，多方面收集用人单位的需求信息，大胆地向用人单位推销自己，而不是被动地等待学校推荐，等待别人给自己落实工作；另一方面也要根据自己的意愿和社会的需求来主动调整自己的知识结构，不断充实自己，提高能力，积极创造条件接受社会的选择，提高自己在择业竞争中的优势。

在择业过程中，摆在每个大学生面前的方案都是多方面的。如工作地点、单位性质、工作条件、生活待遇等，毕业生在选择时不可能达到事事遂心所愿，正所谓"鱼与熊掌，不可兼得"。所以，在择业时必须把握好主次。首先满足自己最看重的工作，同时还要从是否有利于实现个人才能和作用的发挥、自己是否能够胜任单位即将安排的工作出发来进行选择，切不可因一味求全、急功近利、好高骛远而错失良机。

（4）择业的发展性原则。大学生在择业时，既要考虑个人的发展，又要考虑社会的发展；既要考虑眼前，又要考虑长远；既要有利于现在的发展，又要有利于将来的发展。所以，大学生一定要结合自己的情况，选择有发展前途的职业和单位，防止短期行为。但同时又要看到，社会是在不断发展变化的，所以每个大学生所处的生活和工作环境也在不断变化，因而职业目标的选择不应该一次定终身。所谓的"从一而终"，在现代市场经济条件下对个人和社会都没有益处，也是不可取的。

因此，职业选择应处在动态过程中，在暂时没有适合自己的工作单位或岗位的情况下，可以考虑一些条件相近的单位和职业，或索性选择到基层锻炼，牺牲眼前利益以积累基层工作经验，为将来的进一步调整和发展做好准备。从这个角度来讲，大学生大可不必为一时找不到"理想"的接收单位而苦闷，也不必为自己"迫不得已"所做的"不理想"的选择而懊悔。在遇到与某个接收单位签订了就业协议之后，又遇到了一个"更好的"单位的情况下，置一切政策和规定于不顾，不计任何后果和代价，采取一切方法和手段去违约，以图高就的行为，则更加不可取。

2. 大学生就业准备的注意事项

（1）及早进行就业准备。随着就业市场的不断发展，用人单位对大学生的素质要求比以前更高，用人单位在挑选毕业生时，不仅考察毕业生的专业素质和能力，而且非常重视其非智力。而素质和能力的提高并非一蹴而就，需要长期培养。因此，大学生应为就业早做准备，尽早规划在校的学习和生活，根据社会需要塑造自己，按照用人单位的要求充实和完善自己，不断提高自身的综合素质，为日后的就业做充分准备。

早做准备，学习就会有明确的目标。就业准备应从低年级开始，低年级学生可以通过参加宣讲会提早进入就业准备状态。目前各类用人单位的宣讲如火如荼地进行，低年级的学生应有选择地参加宣讲会，通过参加宣讲会了解感兴趣的用人单位的隶属关系、性质、人才结构、发展前景、招聘程序、用人理念、看重的素质和企业文化等，根据对用人单位看重的要求有目的地进行相应的培养和提高，为择业决策做好充分准备。

（2）及时、准确地获取就业信息。大学生求职、择业不仅取决于整个社会的政治、经济状况以及自身的能力素养，而且也取决于是否获取就业信息。所以，就业信息是求职、择业的基础，谁能及时获取信息，谁就获得了求职的主动权。

就业信息可以帮助学生确定择业去向,帮助学生选择工作单位。

首先,要及时、深入地了解国家、地方及行业的就业政策和学校的就业管理规定,熟悉毕业生就业工作的主要程序及在各就业环节实施过程中应注意的问题。

其次,要及时了解就业形势,即就业环境的变化、相关专业毕业生的就业状况、就业趋势预测以及相关部门发布的有关毕业生就业情况的统计数据。了解和掌握这些信息,可以帮助大学生正确判断当前就业形势,确定合理的就业期望值。

最后,要及时了解市场的需求信息,即用人单位需要的专业、学历层次、个人能力和需要人数等信息。收集就业信息应该力求做到及时、具体、准确。任何信息都具有时效性,收集信息必须及时,不能事到临头再去抱佛脚,要早做准备;信息要具体,尤其是用人单位的地点、环境、人员构成、发展前景、对新进人员的基本要求等各方面的信息,掌握得越具体越好。

只有做到知己知彼,才能达到百战不殆。知彼就是要了解就业形势、就业市场、用人单位,最重要的是寻找与自己的条件相符的单位,即主动、及时、准确、全面地收集有关信息,知道哪些单位需要人、需要什么类型的人、有什么要求以及单位效益和发展前景、工资待遇和福利如何等。

(3)认真分析就业市场,确定合理择业期望值。成功择业就是选择市场所需并且与自身专长相吻合的工作,以便于对自己的整个职业生涯有所裨益,并能谋求自身的发展。因此,大学生应该认真分析市场需求、个人特长与职业理想,并将市场、个人、职业三方面因素结合起来考虑,合理地调整择业期望值。

目前,不少毕业生片面追求高薪资、热门地区的工作或者漫无目的地找工作,整天忙于赶招聘会、投简历,认为"找份好工作不容易",常为"我要找什么工作"而困惑,而找到工作后又为"我是否需要改变工作"而迷惘。其原因就是没有在市场的需求以及自身的特长中找到一个最佳的结合点,没有一个明确的就业目标。

大学生在对市场需求、个人特长与职业理想进行分析时,应当首先回答诸如:这类人才的需求是长期的还是短期的?这类工作从长远的角度来看是否稳定?这类工作的发展空间如何?从事这类工作一段时间后自己的能力会不会有所提高?与自身的特长和兴趣、志向是否相近?对自身的职业生涯是否有好处?这类工作薪资发展状况如何等问题,然后确定自己的目标,并通过努力达到自己的目标。

(4)增强择业自信心,积极把握就业机会。择业目标确定之后,大学生在实现这一目标的过程中,一定会遇到这样或那样的问题和困难,经受事先预想不到的考验。有些毕业生可能会因此而产生思想压力和心理上的不平衡。在这种情况下,具有坚定的自信心是非常重要的。也许自己的知识和能力尚有欠缺,但要相信自己能够胜任工作,并且能够在最短的时间内掌握新知识、具备新能力。现在,技术创新日新月异,对任何人来说,都需要不断地学习,不断地充实自己。因此,只要有信心,通过努力就一定能成功。此外,大学生还可以用自己的特长去主动争取,并积极弥补不足之处,减少择业竞争中的被动局面。

3. 大学生就业的思想准备

如果有了充分、正确的思想准备，对于进行就业准备的大学生来说就意味着有了一个良好的开端，往往可以起到事半功倍的作用。大学生可以从以下几个方面来进行思想准备：

（1）进行客观的自我评价和准确的个人定位。自我评价既是大学生职业规划的前提，也是就业准备的重要内容。所以，大学生应该对自己进行客观、准确、符合实际的自我评价，即对自己的知识水平、个人能力、心理、性格、气质、兴趣、爱好、优缺点、价值取向等进行全面、客观的评价。个人定位是指大学生对自我现状的认识以及对自己今后所从事的工作及工作能力的判断（也可以称为就业期望）。可以说，客观的自我评价是准确的个人定位的基础。从心理学角度看，人在进行自我评价的过程中，往往存在着刻意回避自我不足的潜意识，从而造成过高的自我评价。另外，我国传统文化氛围里的谦虚意识也可能造成过低的自我评价。而过高或过低的自我评价都会造成个人定位的偏差，使大学生的职业历程变得坎坷。

大学生如何进行客观的自我评价和准确的个人定位呢？在此提供三种方法。

1）罗列法。个人对自我的知识水平、能力、智力、气质、性格、兴趣、爱好、心理、优缺点和价值取向等各个方面逐条进行罗列。罗列法对于比较清楚的、可以客观衡量的指标而言，如知识水平、学历层次、能力等方面，一般来说不太容易出现偏差；对于一些模糊的指标，比如性格、气质等，本人则往往难以做出客观、清楚的判断，这就好比"不识庐山真面目，只缘身在此山中"。对于这些自身难以做出客观判断的指标，可以通过听取家人、朋友、同学、老师的意见等，做出正确判断。

2）工具量表法。目前有不少用于测试人的心理、性格和价值取向等的测试题和测试量表，通过被测试者对一些具体事情的选择，可以判断测试者的性格、气质类型等。

比较常用的测试量表有：

①艾森克人格问卷；

②卡特尔人格因素测试；

③加州心理量表；

④爱德华个性偏好量表；

⑤霍兰德职业兴趣量表；

⑥霍兰德职业能力量表；

⑦中国大学生情商量表；

⑧团体智力测验；

⑨认知方式测验；

⑩创造性思维测验。

工具量表法的结果相对较为客观，有一定的参考价值。

3）软件测试法。此方法是通过人机对话，在计算机（单机或互联网）上完成测试，其实质与工具量表法相同。

以上三种方法各有优、缺点。罗列法简单易行，结果可能有一些偏差，但基本无须收费；

工具量表法既适用于本人测试，也是不少职业咨询部门使用的方法，结果较为客观，但是需要一定的专业知识和费用；软件测试法结合了前两者的优点，是一些职业咨询公司的常用方法，但费用相对较高。大学生可以根据自己的实际情况，从中选择相应的方法进行自我评价。目前，有一些高校的就业指导部门开始对在校大学生提供职业规划、就业咨询和指导等服务，其中包含了一些测试，大学生也可以前去咨询。有了客观、公正的自我评价基础之后，就可以进行相对准确的个人定位，从而明确个人发展的奋斗目标。有了准确的定位，大学生就可以判断出自己是理论知识丰富，还是动手能力强；自己是适合从事科研工作，还是更适合从事产品销售工作。

大学生的个人定位在很大程度上受其就业期望值的影响。当前大学生的就业期望值是否普遍偏高，目前没有权威部门和机构进行过调查。但可以肯定的是，至少有一部分大学生的就业期望值偏高。他们认为自己是同龄人中的佼佼者，应该有一个灿烂的前程；一心希望留在大城市、政府机关工作，而且收入要高。他们的想法本无可厚非，只是他们可能没有注意到目前中国的高等教育正由精英化过渡到大众化，他们的观念没有跟上时代的变化，结果往往为找不到理想的工作而郁闷和苦恼。可见，对于就业期望值偏高、个人定位不切实际的大学生来说，适当地降低就业期望值、准确地进行个人定位是非常有必要的。

（2）树立远大抱负，将个人发展同祖国建设大局结合起来。大学生是祖国建设的栋梁，理应以大局为重，响应党的号召，到西部或基层去、到祖国和人民最需要的地方去建功立业，将自己的职业发展和未来融入祖国的发展和建设中，在为社会主义事业奋斗的同时，实现个人理想，实现自身价值。大学生应该积极参与政府支持的西部大开发、振兴东北地区老工业基地、西部地区"两基"攻坚、推进农村卫生服务体系建设等重大项目。在国家大力支持的项目中，"大学生志愿服务西部计划"备受大学生的关注。

从长远来看，大学生应响应国家号召，将自己所学的知识运用到基层实践中去，既可以开阔眼界、磨炼意志、增长才干，也能为祖国做出贡献，自己也会受益终生。

（3）应该处理好几个问题。"鱼，我所欲也；熊掌，亦我所欲也。二者不可兼得，舍鱼而取熊掌者也。"这是孟子的一段话，讲述了人在处理矛盾关系时的选择策略。大学生在就业时不可避免地也会遇到一些类似的问题。比较有代表性的有：

1）要稳定还是要挑战。到底是选择稳定的职业还是选择富有挑战性的工作呢？其实没有一个标准答案。因为各人的目标、兴趣不一样，选择的答案就不能一概而论。

稳定的工作意味着稳定的收入、规律的工作时间、按部就班的晋升和较为固定的人际圈。一般来说，工作压力不太大，时间较为宽松。但是，几乎一成不变的环境和工作内容很容易让人感到厌倦，所以需要更多的耐心。建议具有一定耐心的、希望工作和生活相对稳定的大学生选择此项工作。

从事富有挑战性的工作则意味着职业者需要肩负更多的工作压力和更大的风险、相对紧张的时间安排，则需要付出更多的精力，同时需要一定的心理承受能力。但是，当顺利完成工作后获得的成就感和满足感却也是难以用语言表达的。建议不安于现状、富有想象力且具有较强心理承受力的大学生选择此项工作。

2)要专业还是要转行。从事与所学专业高度相关的职业,所需投入的成本指时间、精力、经费)都会较小,而且成功的可能性相对较高。从事与所学专业没有联系的职业,需要职业者投入大量的时间、精力(甚至包括经费)来学习和掌握与本职工作相关的知识和技能,这就形成了职业成功的机会成本。大学生应该结合本人的实际情况,认真考虑这种情况。

随着社会的发展,一些新兴行业和职业孕育而生。这些行业和职业对于所有的人来说都是全新的领域,基本上没有太多的经验可以借鉴和参考。但正因如此,竞争对手少,所以从业者成功的可能性也就更大。

3)要感情还是要事业。每个人的价值取向是不同的。有的人以事业为重,先立业再成家;有的人以家庭和感情为重,为了家庭或感情可以放弃自己心目中理想的职业目标。即使是同一个人,在他人生的不同阶段,所追求的目标也可能会发生变化,所以,同一个人不同时期的选择也不一定相同。

大学生在进行就业准备时,最好能够明确每一个阶段的目标,权衡事业和家庭、工作及生活在各个阶段的位置,权衡为了职业上的发展可以放弃哪些个人生活,或是为了家庭或感情可以放弃哪些就业机会。

大学生是一个年轻、富有朝气和创造力的群体,应该首先以事业为重,在感情和事业之间,首先要选择自己理想的事业。

4)必须具备一定的安全意识。进行就业准备的大学生在思想上要有一定的安全意识,在就业过程中尤其需要注意安全问题。目前,有少数非法传销组织将目光锁定在大学生身上,他们以招聘员工、进行面试等手段诱骗大学生,非法限制受骗大学生的人身自由。

大学生应该增强自身安全意识,提高辨别能力,并从以下几个方面多加留心,避免受到不法分子的侵犯,以保障自身安全。

1)及时查证用人单位的情况。可通过当地的亲友、校友及用人单位的主管部门等多种渠道了解用人单位的具体情况和资质,如地址、电话、工作性质、是否真的招聘人员等。通过这种方法可以过滤掉绝大部分虚假的用人单位和用人信息。

2)对要求上门面试、实习的单位要多加小心。对于几乎没有什么限制条件,而且时间要求非常紧迫的用人信息一定要加倍小心,不可轻易答应。另外,外出面试、实习前,一定要告知学校和家人自己的去向、联系方式。最好能够多人结伴而行,并与家长或学校经常保持联系。

3)注意保护自己的个人信息。如果准备在网上登记求职信息,在准备个人材料时,大学生应该注意保护自己的个人信息,如联系方式、身份证号、家庭地址、家庭成员等。可以留下一个无关紧要但是可以使用的联系方式。

4)遇到危险情况时要及时寻求援助。在上述例子中,当众多大学生深陷传销泥潭时,就是因为几个大学生临危不乱,积极与外界取得联系最终使自己和其他同学获得了解救。

4. 大学生就业的知识准备

职场中，有两种类型的大学毕业生最受用人单位的青睐。第一种是"通才"，即熟悉、掌握数个专业知识的人才，这样的大学毕业生可以适应数个岗位的工作；第二种是"专才"，即精通某一个专业领域的人才，这样的大学毕业生稍加培养就可以迅速成长为业务骨干。不管是"通才"还是"专才"，他们都具有较高的知识水平。可见，知识水平的高低对每一个准备就业的大学生来说是都非常重要的。它直接关系到大学生能否找到满意的工作，能否将自己规划的职业蓝图变成现实。大学生可以从专业知识和非专业知识两个方面来进行就业的知识准备。

（1）重视专业知识学习。大学生的专业知识学习贯穿其整个大学时期。大学生应该高度重视专业知识的学习，因为这是大学生在就业时拥有的最重要的资本之一。"专才"之所以"专"，就是因为他们的专业知识有相当的深度，而钻研高深的专业知识必须具备良好的专业基础。所以，大学生应该从进校起就努力学好基础知识，只有具备了扎实的专业基础知识才能进入下一步的专业研究。在学好本专业的同时，大学生不妨学习一些相关专业知识或使自己感兴趣的专业知识，这既可以充实自己、开阔眼界，也可以把自己打造成"一专多能"的人才。

大学生在进行专业知识的学习时，要注意知识的系统化和结构化，要善于积累，同时也要注意知识的更新，要根据社会的发展和需要及时调整自己的知识结构，并将理论知识与实际工作、生活联系起来。

（2）注重非专业知识的准备和运用。非专业知识是相对于所学专业知识以外的其他知识的统称。非专业知识是构成大学生知识体系不可或缺的一部分，包括公共知识、生活常识、待人接物的礼仪、求职面试的技巧等，常常是用人单位考核大学毕业生的内容之一。

现在有不少职业都对应试者提出了资格准入的要求，其中一部分就是非专业知识方面的要求。如每年都有许多大学生报名参加的国家公务员考试。大学生可以根据自己的职业规划，有针对性地着手准备。

一些日常生活中的小常识也是大学生就业准备时应该注意的地方。有时一些很小的细节就可以改变单位考核人员对应试者的看法，而且有些用人单位的招聘人员会专门通过细微之处来考察应试者。

在非专业知识的准备上，大学生需要注意的地方有：

1）了解应聘单位的基本情况和相关知识。

2）衣着得体。选择适合职业环境的着装，如职业装，保证衣着整洁、大方。

3）遵守时间。提前到达面试地点。

4）表情自然，举止得当，不卑不亢。

5）注意礼节，感谢每一位帮助你的人。

6）要有自信心。

7）控制自己的情绪。

8）紧张的时候,尽量用简短的语言表达自己的观点。

9）积极主动,展现自己的特长。

总之,大学生要加强并巩固专业知识的学习,积累非专业知识,综合利用所有知识,应对就业的知识准备。

5.大学生就业能力准备

能力是直接影响活动效率、使活动顺利完成的个性心理特征。大学生需要具备多方面的能力,其中与就业能力直接相关的有:

（1）表达能力。表达能力包括语言表达能力和文字表达能力,这是大学生应该具备的基本能力。作为人与人之间最主要的交流工具,在日常学习、工作和生活中,语言和文字所起的作用都无可替代。不论今后从事管理工作还是技术工作;不论是在政府机关还是在民营企业;不论是用语言还是用文字,清楚、准确地表述是十分必要的。用人单位对大学生表达能力的基本要求是:能用准确、流畅的语言讲述事实,表达观点,能够撰写计划、总结、调查报告、公函等。大学生可以通过日常训练、参加专门的培训等方式来提高自己的表达能力。

人们通常会对熟悉的、形象生动的、特点鲜明的信息产生积极的心理反应,而且印象深刻。所以,在表述时使用一些生动的、幽默的语言,列举具体的事例和数据,都可以增强自己语言的说服力和感染力,也会让人记忆犹新。

（2）逻辑思维能力。用人单位常会考察应聘者的逻辑思维能力。这种考察不是考核应聘者的逻辑专业知识,而是考核应聘者对各种信息的理解、判断、分析、综合、推理等逻辑思维能力。即使有些大学生不具备相关的专业知识,但仍然可以有较强的逻辑思维能力和运用能力。

（3）沟通能力。沟通是指信息的传递和理解。沟通的形式多种多样,最主要的方式是语言沟通,包括口头和书面、本地语言和外语以及其他语言符号（如网络语言符号）等。除了语言以外,非语言方式的沟通也是沟通的重要组成部分。非语言沟通包括衣着、表情、神态、姿态、动作、距离等。非语言沟通也常被称为身体语言。在人际交往过程中,语言沟通和非语言沟通是并存的,两者相互补充、相互印证。一般情况下,两者是一致的。但是,当两者相互矛盾时,人们大多愿意相信非语言沟通传递的信息。比如,某应试者自称专业如何精深,却在被问及专业知识时抓耳挠腮、支支吾吾。这个时候,招聘人员更愿意相信应试者说的不是真实情况。能够准确、高效地将信息传递给信息的接收方,并能正确理解对方传递的信息,这是对大学生就业必备沟通能力的要求。

（4）决策能力。一个独立处理问题的过程其实就是一个决策的过程,因此,决策能力就是独立处理问题的能力。

（5）实践能力。大学生的实践能力直接影响到工作能否顺利完成。因此,用人单位一般对大学生的实践能力有较高的要求。一些眼高手低、只有理论没有实践经验的应聘者是不受用人单位欢迎的。

　　大学生应该创造并珍惜每一次实践的机会,多看、多听、多练、多思考,从而提高自己的实践能力。

　　(6)应变能力。应变能力也可以理解为处理突发事件的能力。在紧急情况下,如果事态不被及时控制,后果可能不堪设想。这就要求应对者具有一定的应变能力,要临危不乱。

　　人生在世,谁都想成就一番事业,实现人生价值。然而,事业的成功是实力与机遇共同作用的结果。机遇总是青睐那些做好准备的人。大学生活虽然是人生中不长的几年,但却是最弥足珍贵的,有人在这里奋起,也有人在这里迷失。在大学期间做好就业准备,不断完善职业规划,可以让你理性地选择职业,把迈出的每一步都作为成功的起点,最终实现自己的理想。

　　"知己知彼,百战不殆";正确的抉择才能走向成功、实现理想。大学生在进行就业准备时,应不断分析自我、了解自己、分析环境、了解职业世界,使自己的性格、兴趣、特长与职业相吻合。不要强求一蹴而就的际遇,必须考虑到渐进的可能。一蹴而就更多时候只是美好的愿望,路总是曲折漫长的,情况也许会很复杂。但是,只要有科学、合理的职业规划做指导,只要认真、执着地准备,全力迎接挑战,相信无论在什么地方、什么岗位,只要坚持不懈,一步一个脚印,就一定会成功。

第四章 高校学生创业能力培养

第一节 大学生创新创业教育现状

随着我国创新驱动发展战略的不断深化,创新型人才的需求迅速增大,大学生作为创新创业的主力军,如何培养其科技创新能力至关重要。由于我国的教育模式相对较为传统和固化,大学生科技创新能力培养面临诸多问题,如大学生科技创新意识薄弱、创新成果缺乏研究价值和可行性、指导教师积极性不高、高校缺乏相关硬件支持等。为此,本节探究了大学生科技创新能力培养的路径,发现并激发学生参与热情、提供项目经费支持、进行系统培训、开展科技竞赛、搭建科研平台、制定激励机制是培养大学生创新创业能力,推动科技成果转化的重要途径。

随着我国经济的不断发展和供给侧结构性改革的不断推进,社会对于创新型人才的需求迅速增大,"大众创业,万众创新"已经成为时代潮流,国家自上而下,多举措、全方位为创新创业者提供支持。大学生作为创新创业的生力军,对于推动社会创新性发展发挥了重要作用,高校培养高素质创新型人才迫在眉睫。

一、培养大学生创新创业能力意义重大

在经济全球化的背景下,只有科技的不断进步,才能增强我国在国际上的主动权和话语权;同时,随着经济下行压力的持续加大,就业形势不容乐观。大学生创新创业是增强国家竞争力,缓解就业压力,将研究成果转化为生产力的有效途径。

有利于提高学生综合素质。通过开展创新创业活动,有利于引导大学生将专业知识用于解决实际问题,了解理论知识和实际应用的差别和联系,明确今后的学习方向。同时,大学生在参与双创活动的过程中,可以锻炼其意志品质,探寻解决问题的方式方法,进而增强分析和解决问题的能力、写作能力和制作演示能力,培养发散创新思维。

有利于缓解社会就业压力。近年来,大学毕业生逐年增多,经济却面临下行的压力,大学生就业形势严峻,因此国家鼓励大学生创业,并提供了众多优惠政策。目前很多新兴公司都是大学毕业生所创办的,提供了大量的就业岗位,缓解了社会压力。这些创业者在商业环境中迅速成长起来,将成为某一领域的领军人才。

有利于推动研究成果进行转化。大学是科学研究的重要阵地,很多新科技、新成果都是在大学里研究出来了,不过目前很多成果并未转化为产品,仅仅停留在实验室阶段。大学生

有机会接触到最新的科学技术成果，如果能够充分利用这些新资源，将科技转化为生产力，用于人们的生产生活，将为创新型社会的建设发挥重要作用。

二、大学生科技创新能力培养的现状及困境

近年来，我国科技能力不断增强，在部分领域已经位于国际前列，解决了很多重大战略问题。在科学研究不断取得成果的同时，社会对于大学生科技创新能力培养愈加重视，国家多部委和专业学会为此组织了众多科技活动。各高校也积极响应号召，主动在培养学生科技创新能力上下功夫。不过，由于我国长期以来形成的陈旧落后的教学模式已经根深蒂固，很难在短时间内满足当前社会的发展需要，大学生创新创业教育并未获得质的提高，主要仍存在以下几个问题：

大学生科技创新意识薄弱。我国长期以来实行的"应试教育"忽视了学生创新意识和实践能力的培养，学生习惯了被动接受知识，在面对新事物的时候，没有探索创新的勇气，创新意识薄弱。而且大部分本科生专业知识储备少，科研能力弱，自信心不足，一旦在项目研究中遭遇失败就会严重受挫。此外，在目前的招生政策下，众多学生为了追求"名校"而忽视了兴趣和特长，选择了不适合自己的专业，慢慢失去了深入研究的热情。

大学生科技创新成果缺乏研究价值和可行性。众多科技创新成果的取得往往需要长时间的积累，如果没有大量的实践验证，科技创新成果的价值就会大打折扣。学生在求学阶段学业压力大，课余时间少，难以将大量的精力和时间投入到科技创新活动中，多数学生靠短时间的突击来应付项目检查或参加科技竞赛，由于没有长期的科研支持，难以取得突出成果。而且科技工作需要大量的理论知识积累和锲而不舍的钻研精神，学生自身能力不足，意志不够坚定，很难达到科研项目的要求，导致其项目可行性差。

指导教师积极性不高。高校教师教学和科研压力大，考核任务重，大部分精力都放在了自身的教学和科研工作中。很多高校不重视教师指导学生参加科技创新活动取得的成果，缺乏相应的激励机制，教师指导大学生创新创业活动多是出于责任心。如果学生再敷衍了事，就会打击指导教师的积极性，让教师逐渐失去指导学生的内在动力。

高校缺乏相关硬件支持。大学生参加创新实践活动需要一定的场地、经费和设备等硬件支持，高校的实验设备大都统一购置，这类实验设备虽然便于管理和维护，但不具备二次开发的性能，留给学生设计的空间较小。同时，很多高校没有完善的科研平台，一些科研实验室和设备都有专人管理，并不完全对学生开放，导致学生开展创新实践活动的难度较大。

三、提高大学生科技创新能力的措施

为营造创新创业氛围，提高学生创新实践能力，需要整合多方资源，搭建大学生创新实践平台，让学生有机会参与到创新创业活动中，通过平台引导、助力、管理各项创新实践工作。

加强思想引导，激发学生双创热情。搭建师生交流平台，邀请名家大师为学生答疑解惑，

指导学生开展创新创业活动。同时，邀请成果突出的学生分享创新创业经验，为广大学生树立标杆。建立起教师讲授知识、优秀学生传授经验的讲座体系，让学生树立远大的理想，积极投身到双创活动中去。

推出创新计划，提供项目经费支持。培养学生的创新创业兴趣，积极引导学生参加大学生创新创业项目。采取教师发布项目供学生选择或学生根据调研情况自拟项目两种方式进行项目立项。对成功立项的项目学校提供经费支持，并严把经费准入准出关，提高项目日常检查和结题标准，让学生朝着更远大的目标奋斗。对具备市场潜力的项目给予大力支持，推动创新成果转化为生产力。

开设培训课程，系统提高双创能力。制定双创能力提升培训方案，为培训提供标准和依据，在基础理论、文献检索、专利申请、论文撰写、竞赛备赛等方面开设课程，对学生进行系统培训，让学生明晰取得创新创业成果的方法和途径。同时，积极争取校外资源，为双创成果突出的学生提供赴企业实习和出国开展学术交流的机会，让他们有更多的机会了解行业前沿技术。此外，开设大学生科创讲堂，学生定期汇报项目进展，教师及时进行指导，保证项目顺利进行。

以赛促学，构建人才梯队。目前大学生科技竞赛呈现出百花齐放、百家争鸣的良好态势，高校要建立起覆盖各专业、各年级的科技竞赛体系，为学生提供参赛机会。对于在竞赛表现突出的项目和个人，按照多学科、跨年级的原则进行组队，以发挥优势互补、以旧带新的作用；同时邀请相关专家进行一对一辅导，进一步完善项目以参加更高级别的竞赛，为学生提供广阔的成长和展示平台。逐渐构建起专业教师全程指导、学生人才梯队培养、高校提供硬件支持的竞赛支撑体系。

梳理双创信息，着力搭建科研平台。目前各类大学生双创培训和竞赛信息鱼龙混杂，很多学生不具有分辨这些信息的能力，无法准确获得创新创业项目和竞赛的参与途径。为此，需要根据学生需求梳理双创信息，建立一体化信息集散平台，为学生提供项目双选、竞赛资讯、辅导资料、培训讲座、优秀案例等资源。同时，要根据学生双创能力的培养需求，推进实验室开放课程的建设，协调实验室资源，为学生提供实验场所和设备，让学生能在实践中探知真理，在科研项目中获得知识。

制定激励机制，提高师生参与积极性。为充分调动学生参与和教师指导大学生创新创业活动的积极性，需制定相应的激励机制。对取得突出成绩的学生在出国交流、奖学金评定、推免研究生等方面给出明确的奖励办法。将教师指导学生取得的科技成果进行量化，量化结果直接与教师考核和职称评定挂钩，并大力表彰优秀指导教师，从而提高教师的积极性。

大学生科技创新能力的培养一方面要保证基础理论教育的完整性和系统性，另一方面要加强实践环节的硬件支持和政策引导，充分调动师生积极性，为师生交流搭建好平台。建立学校提供保障和政策支持、指导教师提供专业化指导、企业提供实习和试行条件的全方位、全程化双创育人体系。让学生能够在参与创新实践活动的时候找到归属感和获得感，让双创成果成为经济发展的新引擎，让创新型人才成为社会进步的新动力。

第二节　我国大学生创新创业教育的运行机理

我国大学生创新创业教育的运行机理包括微观和宏观两个方面。其中，微观机理包括环境熏陶机理、素质建构机理和动力激励机理等；宏观机理包括制度引导机理、竞争催动机理和评价反馈机理等。只有结合微观机理和宏观机理，才能正确而全面地认识我国大学生创新创业教育的具体运行机理。

"机理"一词原意是指机械所具有的基本结构和基本原理，它最初是用于工程学之中，但随着各学科之间的不断交融，该词汇也逐渐用于生理学、经济学、管理学等学科。所谓"运行机理"，是指为了使特定系统达到某种运行状态而设置的系统各要素的结构和作用方式。我国大学生创新创业教育也具备一定的运行机理，其中，利益、需求、激励、竞争等不同要素相互交错，共同实现着对高校学生进行创新创业教育的目的。我们可以从微观和宏观两个角度对我国大学生创新创业教育的运行机理进行阐述和说明。

一、我国大学生创新创业教育运行的微观机理

在对我国大学生创新创业教育的运行机理进行探索时，可以从心理学角度对其进行微观的把握和剖析。大学生创新创业教育应更好地发挥其激励和促进的作用，更好地引导大学生主动接受创新创业教育，进而培养大学生的创新创业意识。大学生创新创业教育还应合理发挥其熏陶和感染作用，使大学生在心理层面对创新创业教育产生认同。我国大学生创新创业教育运行的微观机理主要包括以下三方面：

（一）我国大学生创新创业教育的环境熏陶机理

美国的莱夫和温格于1990年提出了"情境学习理论"。该理论认为，人们开展各项行为活动时，一方面会对一定的思维做出相应的判断和决策；另一方面，人们的行为也具有实践性和社会性等特点，学习者自身的思维意识，是学习者在与情境的互动中生成的。因此，为了达到更好的创新创业教育效果，高校应采取各种措施，为学生营造一个更有利于提高学习效率、获得正确创业认知的环境。比如，可以通过各种途径（如学校的广播、网络或宣传栏等），加强对创新创业教育有关知识的宣传，更好地为大学生注入创业的理念。要营造支持创业的社会氛围，还必须借助新闻媒体的公信力，让社会的每一分子都感受到创业带来的激情和震撼。目前，CCTV推出的《赢在中国》《创新中国》《创业中国梦》等节目，都是以创新创业为主题，对社会各界的影响都非常大。在进行大学生创新创业教育时，还需要在学生

心目中树立起一定的榜样意识，进而促进学生更好地向心目中的榜样学习。应广泛收集各种创业成功人士的典型事迹，树立合适的典型能有效地调动大学生的创业积极性。通过这种"典型式"熏陶，能让学生认识到创业之不易，让他们了解在进行实际创业活动时会面临很多的不确定因素，只有及时对这些不确定因素进行预测和判断，才能使企业经营面临更少的风险。

高校在开展创新创业教育时，应根据实际需要，为大学生营造良好的创业情景模拟环境，以促进大学生创业动机的产生。通过这种方式，能使大学生在特定的环境中正确而全面地分析创业中的各种问题，并及时发现自身的不足，进而有针对性地提升自己的创业能力和素质。在此过程中，既要发挥教师的引导和启发作用，又要体现学生作为学习主体的创造性。例如，通过创业教育中的案例分析，能将学生带入全新的创业环境中。案例教学法能将蕴含专业知识的现实问题搬进课堂，引导学生积极思考，使其主动学习、讨论和实验。大学生创新创业教育就是要教会学生解决一个个创业问题，所以选择良好的案例是教学成功的关键。一个好的案例能激发学生强烈的问题意识和探究动机，引起学生的积极思考，从而发挥其思维力和创造力，最终使其能独立解决问题。

（二）我国大学生创新创业教育的素质建构机理

维果斯基、皮亚杰、布鲁纳等人提出了"建构主义学习理论"。其基本观点是：学习是学生主动建构自己知识体系的过程，学生会依照自身的经历和所面临的环境，对所遇到的问题进行分析和判断，进一步提升自己的能力，并在此基础上对已掌握的知识进行提炼和升华。因此，在教学过程中，不可以简单机械地进行知识灌输，而是要更好地引导学生，让学生在已经获得的知识基础上进一步建构新的能力体系。

一般来说，在创新创业教育的培养下，大学生知识和能力的建构可分为两大方面，即智力因素和非智力因素。智力因素在创造性活动中具有直接参与对客观事物的认识、处理各种内外信息等作用。这些作用体现在一个人的智力水平上，主要包括感知、记忆、思维、想象等。非智力因素在创造性活动中具有动力和调节的作用，对活动起着发动、维持、强化、定向和引导作用，主要包括动机、兴趣、情感、意志、性格等。在开展实际创业活动时，尽管对于智力的要求是很高的，但一些非智力因素同样也极为关键。

在创新创业教育的素质建构过程中，学生会通过已有的认知结构，对新的知识和经验进行归纳整理，建立起适合自己的新的知识结构。借助案例式教学，能培养学生主动学习的习惯，进而发挥学生的积极性、主动性，使其边学、边想、边做，最终形成新的知识体系。此外，要充分利用学生社团的力量，把学生社团作为对学生进行创业意识和创业技能教育培训的有效载体和途径，以培养学生的创业精神和动手能力。例如，斯坦福大学在校园内建立了亚太学生创业协会、亚洲科技创业、生物设计网络协会、企业家俱乐部等创业社团，这为斯坦福大学的师生与校外人员进行创业方面的学习、交流与合作建立了良好的平台。在这些社团的大力影响下，斯坦福大学的创业氛围非常浓厚，创业活动十分活跃。在我国，可以鼓励和倡导成立有利于进行创新创业教育的学生社团,如"未来管理者协会"、"文学创作协会"、"影视创作协会"、"无线电爱好者协会"、"小发明家协会"、"法律咨询服务社"、"勤工助学服务中心"、"信息服务中心"等,让大学生根据自己的爱好选择合适的社团作为平台,以提升自己的创业素质。

(三)我国大学生创新创业教育的动力激励机理

激励是一种手段,通过进行有效的激励,能使人们获得正确的价值认同,进而提升人们工作的积极性和创造性。亚伯拉罕·马斯洛于1943年发表了他的划时代巨著《人类激励理论》,他在该书中提出,人有五种不同层面的需要,即生理需要、安全需要、社交需要、被尊重的需要和自我实现的需要。在马斯洛的理论中,这五种需求是有层次之分的,在前面层次的需求获得满足的情况下,人们才会努力实现更高层次的需求。在特定的时间或空间里,人们可能会同时有多种不同的需求,但其中将满足而未满足的需求会占据重要地位,主导着人们的行为。

创业者的需求大体包括三个方面:获得经济利益、提高知名度、实现自我价值。在我国大学生创新创业教育的激励过程中,要注意满足不同主体多层次、多样化的需求。激励必须有针对性,不同组织、不同对象对激励的要求也会不同。在对创业教育教师进行激励时,精神上的奖励往往比物质报酬更能满足其心理的需要。当教师看到学生获得进步和成功时,其心中的成就感往往能给他很大的激励作用。

大学生在进行创业时的需求是十分丰富的,种类有很多。创业成功能使大学生改善生活条件,并能更好地实现自我价值,获得自我满足感和认同感。以往高校对学生的激励主要采取精神激励的方式,激励对象主要是获得某些创业竞赛名次的同学。比如,当学生通过激烈的比赛获得名次时,很多高校会给这些学生颁发证书或举行一场表彰大会,会后让学校新闻部门采访获奖者等。但我们要注意到,由于学生的经济条件不如教师,在对学生进行激励时,应注重物质激励和精神激励相结合。在市场经济条件下,人们不仅关注物质需求的满足,还希望获得一定的社会认可,提高自己在他人心目中的地位。一定的物质激励能使学生有更强的学习和实践动力。针对在校大学生的创业活动,学校要在创业基金和开辟专门场地上给予学生一定的物质支持,这样才能给予他们持续创业的勇气。

二、我国大学生创新创业教育运行的宏观机理

在我国大学生创新创业教育的运行中,通过对大学生创业者的引导,强化了其创业动机,并促使其动机转化为创新创业行为。从宏观角度看,我国大学生创新创业教育内部存在着制度引导机理、竞争催动机理和评价反馈机理。通过这些机理的作用,大学生创业教育能宏观地引导创新创业服务于国民经济和社会发展,并促进优秀创业人才脱颖而出,从而形成崇尚创业、尊重创新的社会环境。

（一）我国大学生创新创业教育的制度引导机理

美国心理学家华生提出了著名的"行为主义理论"。该理论的主要内容为：人们在进行某些行为时，往往有着很强的目的性和针对性，如果该行为能更好地满足其需求，他就会坚持下去；反之，他就会终止这些行为，并分析自身存在的不足，进而改进和调整自己的行为。美国学者库尔特·勒温进一步指出，人们的行为是其人格与其当时所处制度环境交互作用的结果，也就是说，人们进行的各种行为活动是受到自己心理状态和所处制度环境共同影响的。

创业是一个渐进的过程，知识的点滴积累，技能从量变到质变的飞跃，都是一个长期的进程。大学生创业者在进行实际创业活动时，可能会遇到各种各样的问题和挫折，要想更好地应对和处理这些问题，以一种平和的心态面对不同的挫折，需要创业者具备良好的心理素质。因此，心理素质的培养十分关键，而学生所处的制度环境会对其心理素质培养产生很大影响。为此，一方面，高校应根据实际情况，制定和实施创新创业教育相关的管理制度，并要求学生严格遵守；另一方面，创业教育教师应更好地扮演自己的角色，发挥榜样和示范作用，通过自己的人格魅力感染学生，从而提升学生的创业动力。

我国大学生创新创业教育需要有良好的制度引导机理，这种制度引导是多方面的。例如，在我国大学生创新创业教育中，普遍采用了弹性学分的引导制度。所谓弹性学分制度，是指为了尊重学生的个性化特点而建立的课程自修、免修、学分置换、学分积攒的制度，旨在发挥学分制对大学生创业的引导功能。在创新创业教育过程中，高校会鼓励学生在课余时间开展各类自主创业活动，这种情况下，弹性学分制度就成为不二选择。创业是一件很讲求机遇的事情，机遇稍纵即逝。如果学生发现了一个创业机遇，但由于学校有太多管理制度的约束而无法行动，便会导致错失创业良机。而弹性学分制度，就是对传统教学模式和管理制度的一种革新，它能充分调动大学生的积极性，让他们自觉学习，它能有效地推动创新创业教育的发展。

（二）我国大学生创新创业教育的竞争催动机理

在创业过程中，当人有了创业动机并具备一定诱因条件，就会引起创业的行为。我国大学生创新创业教育把竞争引入其中，增强了创业者群体活动的动力，激烈的竞争促使他们能尽快创造出良好效益。在创业竞争中，创业项目能否得到社会承认是决定竞争胜负的关键。诚如美国学者默顿所说，"在为人类做贡献的有组织的竞赛中，谁跑得最快，谁首先做出了贡献，谁就将赢得这场比赛"。企业如果能在竞争中占得先机，就能获得更多的收益，并实现企业的快速发展。企业要想获得自身的发展优势，就必须通过科技创新，掌握前沿的技术，并形成企业自身的核心竞争力。从整个社会来说，竞争能在一定程度上提高我国自主创新能力，从而更好地发挥自主创业推动技术创新的杠杆作用。

在我国大学生创新创业教育中，创业计划竞赛是竞争的重要手段之一。创业计划竞赛的作用,不仅在于催生公司,它还能促进大学生更好地参与到创业实践活动中来,从而提升自己的创业能力和素质。对没有参赛的学生而言,创业计划竞赛也是一种氛围的熏陶,能使其对创业有一定的认识和了解。充满青春热情的大学生往往具有追求成功、实现自我价值的强烈愿望,而创业计划竞赛恰恰为这批大学生提供了一个展示自我的平台。大学生在参与创业计划竞赛的过程中,需要开展多方面的工作,如编写创业竞赛计划书,与老师、同学进行沟通和交流等。在这个过程中,学生不仅获得了更多的友谊和知识,还能显著提升自己的团队意识和应对各种事件的能力。

(三)我国大学生创新创业教育的评价反馈机理

对创新创业教育进行评价,其评价对象是大学生创新创业教育活动,评价的主体包括政府、社会和高校三个方面。政府评价主要是对学生的创业率和就业率、毕业生创业效果、毕业生对创业机会把握能力等的评价;社会评价的主体包括社会舆论组织和非政府组织等,主要是对学生的综合素质、职业结构、创业成功率、收入、社会影响力等的评价;高校评价是一种自我评价,主要由学生、教师、高校职能部门参与评价。高校评价主要是对创新创业教育的理念、创新创业教育课程的开展以及创新创业教育课程的满意度等的评价。对创新创业教育理念的考察,主要包括学校对创新创业教育的重视程度、宣传效果以及提供资金、场地、优惠措施的力度等;对创新创业教育课程开展情况的考察,主要包括创新创业教育课程的开设、创业活动的开展、创业实践的实施、学生创业素质的养成等方面;对创新创业教育影响面及满意度的考察,主要包括创新创业教育的普及程度及其在学校中的影响力、学生接受创业课程的比例、学生参与创业竞赛的次数以及学生和教师对创业教育效果的认可度等。

对我国大学生创新创业教育的评价,可以分为形成性评价与总结性评价、定量评价与定性评价等。形成性评价主要考核学生在创业课程学习中的认真度、创业活动及实践中的参与度和积极性,这种评价需要多次进行、随时开展;总结性评价主要考核学生在创业课程结束后的收获,可以单人考核,也可以团体考核,可以单项考核,也可以综合考核,可以书面考核,也可以口试答辩;定量评价主要关注大学生创业课程的成绩,但容易忽视个性发展、心理品质和行为规范等难以量化的指标;定性评价主要是对学生的平时表现、学习情况、创业意识、创业品质等的观察和分析,并据此直接对学生做出定性结论,如评出等级、写出评语等。一般来说,知识的掌握和能力的培养都需要用测验法、问卷法来了解,创业意识和心理品质的形成需要用访谈法、观察法来了解。在运用以上方法的时候,必须综合运用并对结果进行合理的处理与分析,以防止出现以偏概全的情况,从而保证评价结果的准确性。以美国为例,Vesper教授于1997年对大学生创新创业教育的评价提出了7项标准:创新创业教育提供的课程、教员发表的论文和著作、创新创业教育对社会的影响力、毕业校友的成就、创新创业教育项目自身的新颖性、毕业校友创建新企业的情况、创新创业教育的外部学术联系(如举办创业学术会议、出版创业学术期刊等)。我国学者也提出了以创新创业教育的课程、师资、创业环境、学生四个方面为主线的,八大类四十项指标的大学生创新创业教育评价体系。具体八大类为：教学方法、教师专业背景、核心课程体系、教师科研能力、创新创业教育硬环境、创新创业教育软环境、学生专业背景、学生个性特质。但我们要知道，大学生创新创业教育不能仅通过写了多少高质量计划书、得了多少创业竞赛奖、办了多少公司等指标来评价，而是要看有多少大学生在接受创新创业教育后通过自己的努力为社会增加了财富，或通过自己的创业为社会减轻了就业负担和压力，这才是我国大学生创新创业教育的真实成效。也可以说，创新创业教育评价不能只停留在数据层面，而应从社会层面和实践层面进行全面地评价。

综上所述，制度引导机理、竞争催动机理和评价反馈机理对我国大学生创新创业教育来说都是不可或缺的，它们共同构成了大学生创新创业教育的宏观机理。上述三条机理，都是为实现新时代大学生创新创业教育的多元化目标（经济目标、技术目标、社会目标、生态目标等）而服务的。只有把大学生创新创业教育的微观机理和宏观机理结合起来，才能全面认识我国大学生创新创业教育的具体运行机理。

第三节　大学生创新创业教育体系建设

为了推动大众创业、万众创新，更好地促进大学生创新创业，要通过实地考察对高校大学生创新创业现状进行调研，提出构建大学生创新创业模拟系统，健全创新创业模拟系统管理机制。通过建立集服务式、平台式与轻资产模式为一体的创业实战平台，为大学生创业提供各项咨询、业务办理以及对接投资等服务。完善大学生创新创业体系，培养大学生创新创业意识，帮助大学生解决创业中的实际问题，提高大学生创新思维和实践能力。

大学生作为高素质群体，在创业中具有较大优势。据有关调查，在"大众创业，万众创新"背景下，具有创业意向的在校大学生已高达七成，但大学生实际创业率与创业成功率却与之形成巨大反差。大学生是我国创新创业的一股强大力量，如何更好地利用这股力量，需要高校做好对应的创新创业教育，提高大学生的创业意识和成功率。大学生创业不仅有利于大学生成长，培养大学生的创新创业意识，还能提升大学生自身的社会实践能力和组织协调能力，无论未来创业还是就业，都对大学生的发展大有裨益。

国务院 2018 年印发《关于推动创新创业高质量发展打造"双创"升级版的意见》，国家非常重视大学生创新创业教育，国家推动大学生创新创业教育高质量发展是落实创新驱动发展战略、促进经济提质增效升级的迫切需要，更是促进高校大学生高质量创业就业的重要举措。

一、高校大学生创新创业存在的问题

（一）大学生缺少创业实践经验

大学生生活学习长期局限于大学校园，缺乏社会交流，社会经验不足。而且大学生课堂学习偏重于理论学习，很难获得实践的机会，同时缺乏社会关系和社会网络，获取市场有效信息的渠道有限，社会资源相对匮乏。大学生在创业实践过程中，考虑问题简单化、理想化，创业实践经验不足，无法适应市场的发展规律，有效解决实际经营中面临的挑战的能力不足，这些都是大学生创业成功率低下的原因。

（二）创新创业教育体系不够健全

高校创新创业理念落后。当前我国高校的创新创业教育，仍然在某种程度上保留着"老一套"的教育理念，还普遍存在以教师为中心、以结果为导向的灌输式教育方式。传统的教育理念在当今时代已无法培养社会发展所需的创新人才，高校的创新创业理念亟须改变，需与时俱进，不断探索适合现代化发展的创新创业的教育理念。

高校创新创业教学方式单一。在我国，高校作为大学生创新创业教育的主要承担者，在创新创业教学设计中，对大学生创业所需的理论知识传授普遍欠缺，理论知识与创业实践操作能力有机结合的课程内容更少。课程设置单一，以传统说教方式灌输知识，学生自主性不高，教学与社会创业实践脱轨，导致大学生思维模式固化、知识结构单一、缺乏创新创业的创新思维和实践能力。

高校创新创业师资匮乏，结构不合理。我国高校创业教育教学内容基本上以就业指导为中心，创业指导老师主要以学校工作处老师为主，高校创新创业教师队伍普遍缺乏创业经历，注重理论教学，难免出现照本宣科现象。创新创业教育师资队伍建设，除了高校教师外，还可以邀请校外企业人员来校任教，或者是邀请接受过创业培训教育的专业人才。对于现有的创新创业教育师资组成应该优化组合，以改变师资匮乏的现状。

（三）校企合作机制不完善

目前国内高校与企业合作方式较为单一，大多以应邀出席企业家、创业家座谈会、拉赞助、校招会等方式进行合作。合作方式较为简单，缺乏有效的合作机制。而这种过于单一的合作方式则会导致大学生创新创业实践难以以企业为依托。

高校与企业合作主要目的基本是解决学生毕业前的实习工作，企业则是解决内部人力资源需求，这样的合作并未充分调动企业培养学生的积极性，校企育人制度没有落实，企业所拥有的社会资源和经验，不能真正用于培养学生创新创业能力当中去，校企合作机制存在较大的缺陷。

（四）大学生创业政策支持保障机制乏力

高校大学生创业面临许多现实难题,需要资金、政策、技术等方面的支持。目前,我国已经出台了许多促进大学生创业的政策,如降低企业注册资本门槛、提供创业鼓励资金、减免相关税收费用等。但由于相关部门、高校在贯彻落实政策过程中的缺位,导致创业政策不能及时有效地宣传到位,并出现职权缺失、相互推诿等现象,使得学生创业政策支持保障机制乏力,创业大学生无法得到国家政策支持,使得政策的效果大打折扣。

二、大学生创新创业体系建设

（一）创新创业课堂教学建设

重视高校创新创业课堂教学,提高教学质量。高校创业课堂是学生了解创业知识的第一课堂,是培养学生良好创业价值观的重要环节。高校应注重培养大学生正确的创业动机和创业价值观,坚持以创业素质、创业精神、创业价值观培养为中心,让学生在创业认知、心理和价值观层面为创新创业打下坚实的基础。

高校应顺应社会发展的趋势,规划并设计完善的创业教育体系,在良好的创新创业氛围下,制定适应社会发展要求的大学生创新创业计划。不断加强创新创业教育师资与教育团队的建设,增强师资力量,并不断鼓励高校教师担任大学生创新创业实践训练导师,同时,聘请创业企业家担任大学生创新创业实践教育导师,以此打造一个专兼结合、高质量的双创导师团队。

同时,高校课堂教育不能局限于线下课程教育,应采用线上线下相结合的方式进行。合理利用互联网资源,利用专业、高质量的创业视频引导大学生进行创业知识学习,以更好地帮助大学生进行创业形势分析、政策解读,树立良好、正确的创业价值观。

开展创业知识讲座,开阔视野。创业讲座有利于丰富大学生创业知识,开阔视野。在创业课程中,高校应定期邀请企业、科研院校、政府部门的专家学者来校讲学,充分发挥其创业、管理、政策等方面的优势,通过对创业基础知识的讲解、案例的分析、时事政策的解读,以及对当前创业环境的剖析,积极引导学生思考,启迪其思想,开拓其视野。

构建校企合作模式,合作共赢。高校可以通过与企业合作,为大学生在企业规范管理、市场运营、营销渠道等方面提供指导与支持,为大学生的创业演练提供帮助,丰富创业教育课程体系。定期组织学生走访企业,并为大学生讲授创业企业当前的行业背景、业内实务等内容,讲解创业过程中遇到的法律、工商、税务、项目管理等问题,使学生增加对创业各环节的感性认识,提高大学生对创业各个环节和关键点的把握能力。

同时,高校可以通过引入企业文化资源营造校园的创业文化,并以企业家进校园活动为载体,逐步开展企业家论坛、创业沙盘、创业沙龙等创新创业系列的活动。在活动中,让学生认识现代企业的运营管理模式,了解企业发展历程,体验企业文化与发展理念。

（二）创新创业模拟实训建设

构建创业模拟系统，培养学生创业实训能力。完善的创业模拟系统是提升大学生创业实训能力的重要一环。高校应引进创业模拟培训的系统，建设创业项目孵化基地、实践基地、大学生创业园、大学生创新创业训练中心等，为学生提供创业实践场所。在创业模拟系统中，以初创公司模拟经营为项目载体，实行项目负责制。学生通过系统对项目进行运营，逐步实施初创公司的一系列业务活动。使大学生在创业项目实训过程中，学习并了解企业的运营系统，认识创业企业的经营目标和经营方针，体验战略选择和经营业绩之间的关系，培养创业者洞察市场、合理理性的决策能力。同时，学生也可以在实训过程中，提高团队交流的能力。还能帮助学生树立全局观，突破各部门之间的分割限制，增强学生的抗挫抗压能力，培养协作精神，提升创业实训能力。

开展创新创业比赛活动，提高学生的创新创业能力。创新创业大赛是提高大学生创新实践能力的有效途径，也是"产学研"应用的平台。在比赛过程中，大学生只有充分理解初创公司项目的实施过程，明确自身项目的核心技术以及核心竞争力，通过创业团队的精诚合作，充分发挥出团队成员的特长，才能在比赛中脱颖而出。因此，以创新创业大赛作为大学生的创新创业实践活动的载体，有利于增强团队协作精神，培养学生创业兴趣，调动学生的主动性、积极性，激发学生的创新思维和创新意识。

健全创业实训管理制度，提高学生实训的整体效率。构建创新创业管理制度，以完善高校创新创业教育体系，有利于培养学生的创新思维和实践能力。高校应通过科学的教学方式和教学手段，提高学生各方面的能力，制定合理的项目考核制度，明确大学生创新创业管理体系中所规定的权利与义务。

在健全创业实训管理制度的同时，也应考虑到高校各职能部门的具体分工，以达到科学管理的目的，提高学生创业实训的整体效率。

（三）创业实战平台建设

构建创业服务平台，为大学生创业提供便捷。在大众创业、万众创新背景下，大学生创业已常态化。为了更好地帮助大学生进行实战创业，政府与高校应积极构建创业服务平台，为大学生创业提供便利，为新时代的大学生创业提供强实战、全方位、系统化、全生态的创业综合服务。政府应鼓励高校与平台软件开发者合作，以大学生创业需求为基础，为大学生初创企业提供多层次的创业服务，打造一个集服务式、平台式与轻资产模式为一体的创业服务平台。

创业服务平台可以集视频教学、创业服务于一体，以创业大学生为中心，以提供创业具体操作服务为导向，重点打造包括公司注册、执照办理、专利申请、法务税务登记等相关服务的平台，帮助大学生解决创业过程中可能遇到的一系列问题，提高孵化创业项目的成功率。

此外，创业服务平台还能为大学生提供合伙人推荐、专利保护、行业资讯推送、专业问题咨询、融资投资对接、人才培训等相关配套服务，助力大学生实现创业梦想。

采用线上线下相结合的模式，提高创业成功率。创业服务实战平台采用线上线下双轨运营模式。在线上，为大学生创业者、企业家、投资人、创业导师和专项人才提供创业知识与资源共享、创业各项咨询服务的交互平台；在线下，创业服务平台可以聚集一批优秀的创业者、企业家、投资人，打造新领袖社群。在增加创业者粘度的同时，为创业者全程赋能，为大学生创业提供创业辅导、初创公司业务办理、项目策划、商业模式创新、运营能力创新、盈利模式创新、渠道招商创新等基础服务，也包括成长型企业的战略重构、企业变革及资本运作等一系列的高端服务，以帮助大学生提高创业成功率，为大学生创业保驾护航。

从理论课程、模拟实训到投入实战都应合理有效的利用高校、企业、社会的资源，建设完善的创新创业教育体系，才能为大学生创业保驾护航，系统化地解决大学生在创业学习、实操应用与创业咨询过程中遇到的难题，帮助大学生正式开启创业项目的实施。

要帮助大学生在模拟创业实战训练中解决创业疑难，更清晰地了解企业运营流程，更系统地完善创业项目，提前执行并适应创业操作事项，确保大学生在了解创业、尝试创业、深入创业中不断培养其创业思维，在理论学习与实战学习相结合的创业咨询平台中创造个人的真正创业成果。通过企业专业人士的项目反馈意见不断改善创业方案，让学生在模拟实践中不断检验项目可行性，以饱满的热情踏上创业征程，实现创业理想。

第四节　5G 时代的大学生创新创业教育

5G 指第五代移动通信技术，是在 4G 基础上发展起来的多种新型无线接入技术的总称。5G 技术具有频谱利用率高、网络兼容性好、系统性能高效等优点，能为我们带来高容量、高速率、低延迟、低功耗、超可靠的移动数据体验，可以应对比 4G 远为复杂的应用场景。5G 时代的来临，不仅为各个行业的转型和升级提供了重要保障，促进物联网、工业自动化、无人驾驶、人工智能等领域的创新发展，而且将支撑起许多新科技的商业化运用。在此背景下，5G 时代势必会带来新一轮的创新创业机遇。高校作为大学生进行创新创业活动的重要基地，只有积极探索与时俱进的创新创业教育模式，解决创新创业过程中遇到的问题，优化学生的知识结构，才能培养出适应创新型国家建设需要的高水平创新人才。

一、5G技术对于创新创业教育的重要意义

5G 作为新一代移动通信技术发展的方向，将以全新的网络架构，提供至少十倍于 4G 的峰值速率、毫秒级的传输时延和千亿级的连接能力，将在提升移动互联网用户体验的基础

上，进一步满足未来物联网应用的海量需求，最终实现"信息随心至，万物触手及"的总体愿景。同时，5G技术与工业、医疗、交通、教育等行业深度融合，将促使众多垂直行业跨行业、跨领域交融，将诞生各种新型业务，出现各种社会分工，创建各种高级行业，产生新型商业模式和技术创新。而这些创新将成为今后新价值的增长点，成为国家经济发展的原动力。因此5G将为各种创新应用的发展奠定技术的基础，将能促进人类社会高度发展，充分满足人们对于数字化生活、数字化社会与数字化工业的需求。5G的突出优势，首先会在创新业务应用上全面爆发，这对于大学生创新创业来说，将迎来更大的市场空间和发展空间。

二、5G时代大学生创新创业现状

"大众创业，万众创新"，强调的就是创新创业对经济发展的强大推动作用。政府也在政策制定方面为创新创业提供金融支持、税收支持、技术创新支持、创新创业教育支持、创新创业基础设施支持和行政支持等；在企业方面，成功的企业家经常以讲座、校友会等形式，给大学生们输送新观点，传递新知识，宣传新经济时代的价值观，引导大学生开阔视野，培养创新思维，是对高校创新教育的有益补充。而且有些企业支持大学生创业，并且会以资金、场地、服务等形式为新企业提供资助，并与新企业成立合作关系；在高校层面，《创业教育》被教育部作为必修课纳入高校课程体系，在国家有关部门和地方政府的积极引导下，各高校结合自身特点，进行了有益的探索与实践，形成了多种创新创业教育类型，分阶段分层次地对大学生进行创新思维培养和创业能力锻炼。此外，各高校积极组织学生参加"互联网＋"创新创业大赛，使大学生的创业意识和创业素养得到了全面的提升。

三、5G时代大学生创新创业问题分析

根据由中国人民大学、北京师范大学、上海交通大学等30余家高校、企业和社会组织联合跟踪调查的《2017年中国大学生创业报告》显示，虽然大学生创业意愿高涨，大学生创业层次也在不断提升，但大学生创业制约因素依旧明显，资金缺乏和经验不足仍然是最主要的障碍。工学、管理学和经济学专业的大学生对创新创业感兴趣的人数比例最高；农学、医学、艺术学专业的大学生对创新创业缺乏热情；餐饮、农业、信息技术、运输、教育、文化等行业仍是大学生创业的主要领域。此外，报告表明目前只有54%的高校对创业教育满意度实施了跟踪调查，其他高校并没有重视和实施创新创业课程的改进流程。分析问题原因主要有以下五点内容：

第一，政府、高校对5G时代势必会带来新一轮的创新创业机遇的认识不足，导致对大学生创新创业的扶持政策不完善，配套设施不完备，使大学生创新创业者因为种种原因未能享受到优惠政策而导致资金缺乏。或因为配套服务滞后、缺乏创新创业实习基地或孵化基地建设不健全，使得学生很难获得有关创业企业的实际经营和管理经验。

第二，5G时代下的创新创业教育体系不完善。首先，创新创业教育课程体系不完善，

同5G时代背景及专业前沿课程融合程度不够,导致学生视野不够开阔,创新创业缺乏新意,模式单一趋同。其次,创新创业教育师资队伍不完善,教师普遍缺乏创新意识和能力,对5G时代即将到来缺乏敏锐感知,讲课多从书本知识出发,很难打破学科间的壁垒,这难以满足大学生对创新创业知识的需求。

第三,创新创业教育实践体系不健全,缺乏5G时代创新创业的训练环境,或是缺乏有效的管理制度导致实践活动资源的利用率不高。

第四,对创新创业的支持有待加强。新技术的研发需要投入大量的人力、物力和财力,这对刚进入社会的大学生创新创业者而言,无疑是一个严峻的考验。

第五,政校企的合作与衔接程度有待加强。5G时代,不管是商业模式的变革,还是技术的创新都是"摸着石头过河",缺少成功模式的借鉴,年轻的大学生创新创业活动更是如此。

四、5G时代大学生创新创业教育研究探讨

针对大学生创新创业存在问题的分析,应从以下四个方面进行改进。

第一,政府层面加强政策宣传、资金投入。利用宣传栏、电视和高校官网对政府公布的创新创业政策进行宣传,还可利用5G宣传技术的多种形式和渠道,扩大宣传范围,提高宣传效率,营造良好的创新创业氛围,提高学生参与到创新创业中来的积极性。此外,要加大5G基础设施建设的投入和创新创业资金的投入。

第二,学生层面增强意识、提高能力。首先,可以通过学习创新创业基础课程增强关于创新创业的理论知识,通过学习创新创业实践课程提高创新创业实践能力。其次,通过学习专业前沿知识掌握5G时代下的前沿动态,为创新创业储备创新技术力量。最后,通过政校企合作平台了解创新创业政策,到企业参观学习,借助平台与志同道合的同学进行交流和合作,培养自身的创新创业能力。

第三,高校层面健全5G时代下的创新创业教育体系。5G时代,高校应紧跟时代步伐,不断更新和完善教育体系。一是优化课程机构,适应5G时代创新创业需求;二是利用5G科技,加强创新创业师资队伍建设;三是完善创新创业组织结构;四是利用5G技术,完善创新创业实践平台建设;五是加强校内创新创业文化的建设。

第四,社会层面鼓励支持创新创业。一是加强创新创业理念引导,对5G时代的创新创业机遇有正确的认识;二是营造鼓励创新创业氛围,发挥榜样的引领作用;三是加强社会基金的支持。

第五节　项目驱动下的大学生创新创业教育

随着社会的发展,大学生的人数在逐渐增加,大学也在不断地进行扩招。但是当大学生毕业以后,往往会出现高不成低不就的就业心理,从而造成就业困难的现象发生。而创业则是缓解就业困难的方法之一。本节从多角度进行探讨,对项目驱动下的大学生创新创业教育进行分析,希望可以对我国大学生创业教育提供有用的建议。

为了提升我国大学生的就业率,促进大学生进行创新创业,国家专门设立了大学生就业资金,很多高校也增设了很多关于创业方面的课程,但是相关的项目还不完善,还需进一步的改进。高校应该重视基于项目驱动的大学生创新创业教育,从而提升大学生的就业率,解决大学生就业难的问题。

一、构建完整的创新创业教育培育体系

国家需要加快改进速度,督促高校及时调整创新创业教育培育体系,使之可以跟上时代的脚步、社会的需求。国家实施创新驱动发展的变革,解决社会就业困难问题,提升创业率,促进高校创业项目的质量提升,以及完善项目的效率,保证学习的内容可以跟上不断变化的社会需求,这是支持国家发展工作的重要途径。大学毕业生开始工作,是促进高等教育改革多样性的一个渠道。高校如果对大学生进行创新教育的培养,在政府支持下,高校创新创业学习活动的开展将顺利进行,在此基础上高校要遵循夯实基础的教学规律,对大学生进行耐心的教导。重视培训,为创业学习创造良好的环境,拥有全新的健全体系,创造一个循环体系,根据构建出的创新创业教育生态系统,多元化发展,让学生注重社会需求变化和创业教育体系中的生态培育,培养高校优秀的创新创业的学生,缓解社会就业压力。高校作为构建完整的创新创业教育培育体系,是参与者也是促进者。该体系是高校教育中创新创业生态系统的重要环节,该体系创造的环境氛围为创新创业体系枢纽起到了重要作用,是外部环境市政府的支持、投资资金富裕、社会舆论支持等一系列外界条件相互协调而建立而成的。这些外在环境为大学毕业生创业的思想和宗旨提供了无限的帮助。创新创业的立足点在学生身上,学生得到了创新理念,并有勇气获得创新实践,可以说是高校教育起到了积极的影响,获得了良好的效果。同时,每个学生获得了家庭的支持,也是学生获得创新实践的坚强后盾。

二、依托有效的课程载体

大学的四项主要责任:培训、研究、服务以及文化。其中,培训人员是学院的本质,也是高校体现作用的重要性所在。培养人才,是创建大学的根本目的。创新教育可以在课程中

运用，建立和完善创新创业培训课程体系，建立创新教育和创业课程专家网络延伸监测，建设完整、合理的培训机制。创新创业教育系统的课程主要由三个层面组成：第一层，面向所有学生，旨在增强学生的社会认知，激发学生的创业热情；第二层次，挑选有潜力的学生进行更为深层次的培训，使他们的目光更为长远，为社会输送更有创意、有动力的人才，努力提高他们的基本技能、专业技能；第三层次，学生学习关于创业的课程应结合一些简单的活动、项目进行实践运用，培训与实践相辅相成，加强对创业学生的指导。

三、开展创新创业教育实践

高校学生教育理念和创新创业相关课程必须转化为实践，前提是需要依靠有效的课程材料。材料的特点是创业创新培训的关键。只有把高校创新创业教育作为推动社会经济发展的根本需求，才能从多方面进行改革和提升。

进行创新创业的大学生应将学校学到的知识与工作结合起来，这样才有利于学生的成长，才能更好地在职场生涯发挥自己的作用，在实践过程中，启发一切关于学习技术的运用。这意味着，学生在课堂上、在互联网上进行学习，将两者紧密相连，随着社会的不断进步，不学习的学生就会被社会所淘汰，止步不前也等于退步。很多学生认为创新创业对于他们来说是不切实际的，但是创新创业教育建设对大学生来说并不是徒劳的，是很多社会技能的知识整合。依靠现有的资源进行处理，整合出适合大学生的知识技能，包括一些经济方面的常识，系统地对学生的知识体系进行完善。学校可以建立创新创业的知识交流平台，免费开放，支持教师与学生进行沟通，学生在学习时，与互联网相结合，可以拓宽知识面，开阔他们的视野，同时还可以随时了解时代的变化情况。学生与教师进行沟通，可以提升对知识的理解程度，同时教师的社会经验也可以分享给学生，丰富学生的人生经历。由此可见，高校提供的知识交流平台是有利于学生进行创新创业知识与技能的学习。

四、转变教育理念

目前很多高校虽然重视创业这一项目的课程教授，但往往还是注重教师对知识的讲授，并没有深刻意识到创业的重要性。很多学生在毕业以后就业困难、创业失败都是因为在学校时，教师的对创新创业知识的教育重点有所偏差造成的。很多教师的教育理念比较守旧，认为进行创业教育就是让学生进行社会实践，从而让学生去某些公司进行实习，认为这样就能教授学生社会经验与工作技能。但其实事实并非如此，职场新人所经历的事情虽然在一定程度上会增强学生的社会实践能力，但很多社会深层次的道理很多学生是接触不到的。而在学生创业的过程中，往往是需要这些更深层面的经验来帮助他们进行创业的。由此可见，作为高校的教师，应转变教育理念，在重视学生社会实践的同时，更要对实践内容进行重点关注，帮助学生在短时间内可以迅速地成长起来，让更多想创业的学生，在创业的道路上更加顺利。比如教师在设计创业教育方案时，为了增强学生的法律知识，让学生对企业应该负担的法律责任进行了解。很多在企业实习的大学生，刚步入职场是不会接触到法律层面的内容的，所以他们在创业过程中，很有可能忽略法律相关的注意事项。但是教师社会经验丰富，想得更加深远，应从经济角度与法律角度，让学生丰富自己的视野，从而遇到事情，考虑得更加全面。教师在进行创新创业教学过程中，要重视学生的主动性，增强他们的创业意识与创新精神，要引导学生对知识进行探索，注重探索精神。在职场中，专业技能是评判一个人的标准，但也十分注重这个人的品格。教师在进行课程教授时也应注意，也要全方位地提高学生的综合素养，比如专业知识技能、职业道德素养等等。

五、突出学生爱好

大学生在选择创业项目时，肯定会选择适合自己的，并且自己感兴趣，所热爱的。符合学生爱好的创业项目，会提高学生的创业积极性。创业课程与传统学科不同点在于创业最看重的就是学生的主动性。学生在创业课程中，占有主要的地位。学校在开展不同的创业项目课程时，要避免出现授课内容与实际发生不相符，类似于不切实际的创业案例、想法，教师在教授过程中要尽量避免，防止学生出现创业简单、容易的想法。学校为了鼓励学生进行创新创业，激发学生的兴趣，可以开展关于创新、创业类型的比赛。比如可以进行创业研究论文比赛，选出最有创新想法的论文，进行嘉奖与鼓励，并且督促其他学生进行学习。比赛的奖项要分很多种类，从多角度对不同类型的论文进行挖掘，使鼓励学生的范围也随之增大。还可以进行发明比赛，让学生发挥想象力，制作出一些符合当前社会需求的小发明，比如"懒人风扇""太阳能充电器"等等。这种方式远比教师讲授的知识更能起到作用。

六、提升教师队伍整体素质

在学生进行创新创业课程的学习过程中，教师起到了很大的作用。因此，高校的教师团队的素质要整体地进行提升，才能让学生的创业综合素质更上一个档次。优秀的教师可以为学生营造出一个良好的学习氛围，并且可以引导、督促学生进行学习。在创新创业方面，教师的言传身教可以帮助学生在以后面对创业困难时，更加的沉稳，更加的有耐心，解决问题也更加得心应手。

高校对于提升教师队伍整体素质，应给予最大的支持。高校对在职教师不定期进行培训、考核，不仅可以对教师的职业技能进行督促，对学生也有极大的帮助。关于对学生的授课，还可以定期邀请企业家、专业讲师来学校进行演讲。在职教师的职场经历很可能局限于学校，但是企业家和专业讲师经历的事情就十分广泛了，内容十分丰富。当他们将这些经历讲述给学生，这些内容对于学生来说会是一笔宝贵的财富。甚至可以邀请企业家与讲师参加学校的相关创业项目，通过近距离接触以及实践过程中经历的具体事项，让学生更进一步对创新创业进行了解。

目前社会的发展速度越来越快，需要大学生在毕业以后迅速融入社会职场中，作为高校,应以项目驱动为基准,为学生提供一个良好的创业氛围,为学生的以后负责,帮助他们以后更快地适应职场生活,达到社会的需求。高校应创建符合学生实践和社会发展的创业教育课程,并定期举行相关活动,动员学生参加创业项目,感受创新创业的过程。

第六节　大学生创新创业教育"链式"机制

随着国家创新驱动战略的提出,大学生创新创业教育成为高校创新人才培养的重要环节。本节阐述了大学生创新创业教育发展现状,提出依据大学生成长成才规律的要求,提出构建创新型人才培养的"链式"机制,分析了"链式"机制实践的保障,总结了实施"链式"机制对大学生创新创业教育的现实意义。

习近平总书记强调:创新是社会进步的灵魂,创业是推动经济社会发展、改善民生的重要途径。在"大众创新、万众创业"的新形势下,高校在国家创新体系发展中占据重要地位。为培养综合素质较高的创新型人才,高校应不断探索创新创业人才培养体系,加大创新创业教育力度,促使学生创新精神和技能的高质量升华,从而进一步提升大学生的核心竞争力。

一、大学生创新创业教育发展现状

(一)专业知识与创新创业的融合有待加强

李克强总理指出:政府要创造良好环境,保持创新创业的热情持久不衰。国家层面要重视对创新创业理念的引导,高校层面更应该将这种理念贯穿于教育教学的全过程中。高校开展诸如创新创业竞赛、成立创客空间、举办沙龙论坛等各种各样的创新创业活动,为大学生创新创业教育的发展提供坚实有力的实践平台,使很多大学生对于创新创业项目活动都有一定的理解和认识,也想在大学学习期间展现自己的创新能力。但对于如何将专业知识与创新创业活动相互融合,利用专业知识解决实际问题并改进方式方法的能力,还需要学校和教师的精心引导和教育。自主创新、创业的现状不尽如人意,创业成功率不高、创新成果转化率低、创业技能存在短板。大学生创新创业教育必须摆脱固有的传统教育模式,要重视学生理论联系实际的能力,激发创新意识的同时要为学生创新能力的培养提供优良的环境。

(二)大学生创新创业意愿有待提升

随着全社会创新创业的氛围日益浓厚,"双创"日渐成为广大青年学生的一种时代追求,大学生创新创业意愿不断增强。但通过调查发现,大学生中还存在着传统就业观的思想,对于自主创业这种不算稳定收入的工作依然持有抵触的旧观念,认为创业是在自己找不到稳定工作之后的无奈之举。

（三）创新创业教育师资队伍有待优化

创新创业教育师资队伍肩负着培养创新型人才的重任，也是加快和稳定创新创业教育事业的智力支持。"双创教育"对教师的综合能力提出新的要求。目前，一些高校创业教师大多来自于学生管理一线的辅导员队伍，或者有专任教师兼职，其创业理论知识和创业实践相对薄弱，在"双创教育"中显得力不从心。授课内容多以"通识型"的启蒙课程为主，授课方式多以理论教学为主，灵活度不高，实战性不强，未能更好地将专业知识与创新创业教育进行有机地结合。

（四）创新创业教育管理体制有待健全

目前一些高校还未形成完善的创新创业教育管理体制，在课程体系建设、专业融合等方面还有不足。对学生的理论课程、实践活动没有形成完善的考核体系，对于教师的教学没有强有力的约束机制，故而创新创业教育的评价体系是不健全的。有些高校只设置了创业理论课程，没有实践环节的课时分配。一些高校的创客空间、创业孵化基地等经营惨淡，没有在全校形成浓郁的创新创业文化氛围。

二、构建创新型人才培养的"链式"机制

创新创业教育理念是新时代对高等教育提出的使命要求。高校在制定培养方案时也应将大学生创新创业和实践能力的培养融入人才培养的全过程中，并且将创新创业意识培养落实到教育教学各环节中。在高等教育发展规律的基础上，按照不同年级学生的发展需要，根据学生的性格特点、专业知识结构、技术能力水平，构建创新型人才培养"链式"机制，明确培养计划，启迪学生创新创业思维，提高学生创新创业能力。"链式"机制有利于激发创新意识、培养创新思维以及提升创新能力，分阶段跟踪式教育，易于掌握知识，培养能力结构体系，是一种循序渐进的创新创业教育长效机制。

（一）大一注重创新思维启蒙教育

就大学一年级学生的认知水平和能力来看，应注重其创新创业意识的激发。只有养成创新创业意识，学生在后期的学习和研究中才可能主动投入时间和精力。因此，创新思维启蒙教育至关重要。为激发和训练大学生的创新思维，将创业兴趣内容巧妙地注入大学生职业生涯规划课程教学中，让学生意识到创业不是与己无关的或是低层次的就业方式，而是毕业之后的就业新途径。引导学生主动探究新事物、新方法，通过不定期组织讲座和报告、创业沙龙、创业论坛、科研讨论班等方式，以项目或问题为中心，引导学生科学规范地开展项目研究，培养学生的创新精神与创业技能。组建大学生创新创业训练营、创业社团，在开展活动过程中培养学生主动发现问题、思考问题，进而提升解决问题的能力，激发大学生的创业兴趣和创新活力。

（二）大二注重创新创业意识养成教育

二年级是一年级的延续和加强，大学生对于学习和认识事物的兴趣还比较浓厚。此阶段应结合学科技能竞赛、创业模拟培训、教师的科研课题开展创新创业意识的养成教育，以各类创新创业大赛、科技创新大赛、专业技能大赛等为契机，把全面素质发展和个性自由发展紧密地结合起来，多渠道为大学生创新创业意识的培养提供平台。

（三）大三注重创新创业能力提升教育

三年级是在二年级养成教育基础上开展创新能力提升教育、创新思维由概念性向创新能力过渡的重要阶段。根据学科专业特点和创新需求，将创新科学研究融入培养过程的支撑课程体系中并设立相应的学分，进一步加大对创新创业训练计划项目、学科技能竞赛的组织和参与力度。学校或者二级学院不定期举办优秀创新创业项目成果展示和交流活动，编印创新创业案例集、优秀成果报告册等方式加强推广宣传，激发学生参与的积极性。将开展的创新创业活动融入大学生社会实践与志愿服务中去，搭建校内外结合的创新创业平台，建立系统完整的实习实践体系，让学生在实践环节中识别并把握创业的机会。

（四）大四注重创新创业实践教育

作为"链式"机制重点培养阶段的大学四年级，应注重理论知识指导实践。创新创业教育理念和内容体现在大学生毕业论文（设计）中，既能对大学生创新创业能力进行检验，又能促进创新创业与专业的融合，促进专业成果转化，提高毕业论文设计的质量。依托校内外实习实训基地、政府的众创空间，为有创业意向的大四学生提供资金、政策、办公场地、资源共享空间等。聘请创业导师、技术顾问，为大学生提供法律、税务、工商等方面的指导或咨询服务，帮助创业团队健康成长。高校应帮助学生搭建与社会资源对接的平台，促使创新成果进行有效转化。

三、"链式"机制实践的保障

（一）完善创新创业教育制度体系

高校应建立创新创业教育的长效体系，采取有效措施来培育创新创业的文化氛围，提高师生参与的积极性。科学规划创新创业教育专项资金投入，提供大学生创新创业一站式指导服务，保障大学生创新创业教育"链式"机制顺利开展。为鼓励和表彰具有创新创业意识和能力的学生，激发和引领其他学生的创新意识，可以设立创新创业专项奖学金。专业任课教师指导学生创新创业工作量计入年度工作量考核之中，创新创业竞赛获奖可以获得教学考核加分和获得相应的奖励，以此来调动教师参与"链式"机制的主动性和积极性。建立创新训练工作室、创新创业训练营,积极构建以创业教育为基础、以创新创业训练为抓手、以校园众创空间为平台的创新创业模式。

(二)完善师资队伍保障机制

建设一支高素质、多元化、专兼职的创新创业教育师资队伍,包括校内和校外师资队伍。积极组织教师参加高水平、高规格的创新创业教育培训,并邀请业内专家进校、进课堂开展专题讲座,以此拓宽教师获得创新创业知识的途径。高校制定长期的师资培训计划,分批遴选相关教师参加创业进修培训,逐步提升创新创业教师队伍的理论水平和专业技能。聘请成功创业者、工商税务金融等领域的专业人士组成创业导师团,指导大学生创业实践,逐步建立和完善校内外指导教师的专家库。

(三)拓展外部支持力量

大学生创新创业教育获得长足发展,需要得到多方力量的支持和保证,如高校、政府、企业、科研院所等,形成多方建设、共同发展的良好局面。以"校地校企合作"为助推,获得外部资源的广泛支持。尤其要与当地政府的相关行业部门加强交流和合作,积极争取创新创业发展环境优惠政策,形成学校、政府、社会三位一体的创新创业教育联动机制。可以通过"请进来"和"走出去"两种方式来保证支持体系的实现。"请进来"即邀请具有丰富经验的创新创业政府或企业人员进校讲座和定期授课,将社会工作中的创业知识技能融入大学理论课堂。"走出去"即组织教师、学生到具有创新创业特色文化的公司企业参观学习,取长补短,弥补自身在实践活动中创新的不足。

四、"链式"机制的现实意义

(一)增强大学生创新创业意识,提升核心竞争力

大学生创新创业教育"链式"机制有效地促进学生的专业学习,培养创新精神与创业技能,提升创业质量。在"链式"机制的促进下,延展学科竞赛的成效,培养与激发学生的创新思维、创业兴趣,锻炼与提升学生的创新创业能力,培养高素质综合型创新人才,提升学生的就业核心竞争力。

(二)促进创新创业教育与专业教育的融合

"链式"机制导向下,挖掘专业教育中的创新创业元素,培养学生的创新精神和专业素质,实现创新创业教育和专业教育的有机融合。引导和鼓励学生参加与专业相关的各类学科竞赛、创新创业训练,以赛促学、以赛促创,强化专业理论知识对创新创业教育的支撑作用。通过相关创新创业课程的学习,掌握创新创业的知识和技巧,进一步促进专业课程的深化改革和质量的提升。

（四）构建创业生态链为创新人才培养提供有力保障

大学生创新创业教育"链式"机制是将一至四年级的思维启蒙教育、意识养成教育、能力提升教育、实践教育进行了有效结合，满足不同年级和学习层次水平的学生对创新创业教育的需求，充分发挥各链条的主体作用，切实提升教育效果，实现了"一体化"人才培养目标。

由于国家和地方政府对创新创业项目的支持和建设，大学生和教师对双创的主动意识和热情亦日益高涨，综合能力素质也在不断提升。高校应加快和完善科学规范、特色系统的创新创业教育体制，从根本上助推教育教学改革，加大创业教育软硬件方面的投入，培养更多符合时代要求的高素质创新创业人才。

第七节　新常态下大学生创新创业教育

现阶段，在我国经济不断进步的新形态下，高校作为创新型国家建设的主要力量，一定要强化对创新创业教育的推进，明确创新创业教育的重要地位，加大重视程度，通过不断完善师资团队，以及构建实践平台等方式，合理开展大学生创新创业教育工作，有效地解决教育工作中存在的弊端和不足，以确保可以为高校人才培养打下一个坚实的基础。

新常态下，在高校的实际发展过程中，逐渐强化了对大学生创新创业的教育，力求可以从整体的角度上提升教学质量，全方位提高学生能力。然而，由于受到一些因素的阻碍，使得大学生创新创业教育工作的开展还存在许多难点。对此，在今后的教育工作进行阶段，应该合理分析影响创新创业教育工作进行的因素，深入研究，综合考量，并依照实际现状有针对性地制定教育方案，以便提升教育水平。

一、新常态下强化大学生创新创业教育的必要性分析

新常态下，创新创业对推动我国社会经济发展有着非常大的促进作用，因此，在各大高校的发展过程中，一定要加大对创新创业教育的重视程度，强化对学生素养以及能力的培养效果，以确保可以为社会经济建设提供人才。

第一，创新创业是创新型国家建设的实际需求。"十三五"时期，其是创建创新型国家的关键阶段，并且，这一工作的开展，人才最为重要，而教育是人才培养的基础，所以，在高校的具体发展期间，强化对创新创业教育工作的重视程度，加大对创新创业能力人才培养力度，不仅可以为社会建设提供技术支持，也可以强化知识创新，对我国建设创新型国家水平的提升有很大益处。

第二，创新创业是适应社会发展的具体要求。从宏观的角度上分析，创新创业可以很大程度上推动我国经济发展的进程。尤其是近年来社会进步速度的飞速提升，社会对于人才

也提出了更高的要求。因此，在高校的发展过程中，强化创新创业教育，可以有效对以往教育模式进行优化，让教育方式可以更贴合社会实践，能够更好地适应社会发展，满足当前社会进步的具体需求。

二、新常态下大学生创新创业教育难点分析

创新创业教育理念错误。当前，由于国家对教育工作重视程度的不断加大，各大高校在发展中也给予了创新创业很大关注。综合来看，当前，我国已有 80% 以上的高校开设了与创新创业有关的课程，力求可以从多个角度提升学生水平，保证可以为建设创新型国家贡献出自己的一份力量。但是，受到一些因素的影响，使得在具体的创新创业教育工作进行阶段，地方高校与创新创业教育理念的理解存在一定偏差，致使大学生创新创业教育工作面临着功利化以及工具化的困境。一方面，一些高校在开展教育工作期间，其只是单纯地将这一工作作为解决就业问题以及提升就业率的主要手段，使得创新创业教育工作具有较强的功利性；另一方面，一些高校在发展期间，为了可以在短时间内获得成效，对于专业知识以及创业技能的培训比较侧重，从而导致教育工具化，影响了教育水平的提升。

创新创业师资力量不足。现阶段，在实际的发展过程中，高校创新创业教育水平一直不能得到提升的主要原因就是师资力量相对薄弱。很多大学在开展这一工作期间，其仍然沿用以往的就业指导教育模式，师资团队也主要是依靠学生管理成员组成。同时，针对一些创新创业教师而言，其只是经过了一段时间的培训，就担此重任，缺乏专业的知识背景，没有丰富的创业实践经验，不能够有效且熟练地掌握企业的运营情况，也无法很好的分析市场当前的需求，从而导致创新创业教育工作的开展缺乏针对性，不能依照学生的实际情况，合理的开展教育活动。另一方面，很多创新创业教育教师在工作期间，常常身兼数职，除了要完成本职工作，还要进行创新创业教育工作，教学压力比较重，承担的责任也相对较多，需要花费大量的时间和精力才能完成，长期下来，教师的教学积极性就会大大下降，从而影响了教育的效果。

创新创业教育不能与专业教育有效融合。针对创新创业教育而言，要想更好地提升教育效果，那么就一定要有效地将其与知识教育和专业教育有效融合。但是，结合当前的教育水平分析，很多高校在开展创新创业教育工作期间，还经常存在与知识教育以及专业教育脱节的情况。从宏观的角度上分析，创新创业教育的开展，并不只是盲目的鼓励学生脱离课堂以及脱离专业，如果一直本着这种心态进行教育，不仅会使得学生个人成长存在较大风险，也会增加社会的整体风险。

创新创业教育模式相对落后。现阶段，很多高校都只是将创新创业教育当作就业教育中的一部分内容，简单地给学生讲解一些理论方面的知识。而一些有能力独立开设这一工作的学校，也很多都是侧重理论教育，并没有大力开展创新创业活动，无法对学生的积极性和主动性进行调动，教育的效果也无法得到有效提升。并且，我国很多高校由于受到场地以

及项目等条件的限制,使得在对创新创业教育实践平台搭建过程中,还存在较大的难度,学生不能够亲身体验创业活动,久而久之就会失去兴趣,从而影响这一工作的开展。

三、新常态下大学生创新创业教育对策分析

强化对创新创业教育新理念的认识。新常态下,为了能够向社会提供更多的复合型人才,在高校的实际发展期间,一定要明确创新创业教育理念的含义,理解其真正价值,保证教育工作的顺利开展,可以更好地适应时代发展,可以与时代精神相契合。并且,在具体的创业教育开展期间,高校应该与国家战略高度统一,能够从国家培养创新创业型人才的角度出发,不断提升自身意识。同时,应该加大对创新创业教育的认识,强化对学生事业心以及责任感的树立意识,让学生可以具备良好的职业素养,提升自身的创业能力。

建立多元化的创新创业教育师资团队。创新创业教育工作的有效开展,师资团队发挥着非常大的作用。所以,在今后的高校发展期间,一定要选择合理的培养以及引进手段,积极构建具有多样化的师资团队,从整体上提升师资团队的水平以及素养。一方面,针对已有的就业指导教师,应该从中选择具有创新意识以及能力的人员,加大对其技能培训和教育,不断提升教师的理论水平,确保可以形成创新创业教育的技术团队,有效的开展创新创业教育工作;另一方面,应该积极的引导和鼓励教师进入企业实践锻炼,同时如果条件允许,学校也可以搭建创新创业实践平台,以保证可以进一步提升教学实践效果,让教师积累到更多的创业实践经验,从而为学生提供更多的作业实践指导意见。

强化创新创业教育与专业教育的有效结合。对于高校而言,其是向社会输送专业人才的重要基地。与普通的创业模式不一样,大学生的创业活动的开展,需要更多的凸显知识性以及科技性。因此,学校应该站在所学专业领域最高端的基础上,科学的开展创业活动,走学术创业的创新创业道路,以便促进教育工作水平的提升。同时,高校还应该结合实际情况,强化创新创业教育与专业教育的有效结合,全面加大对这一工作的重视,引导教师在教学期间科学的融入创新创业理念,让学生能够树立起依托专业优势开展创业的意识。此外,在对专业课程进行实际设计的过程中,应该加大对实践环节的重视,引导学生积极地进行实验,让其可以在不断的探索中独立思考,有效地分析并解决问题,进而在专业领域上思考出新的创新点。

加强对多样化创新创业实践平台的构建。针对创新创业教育而言,其本身就具有较强的实践性,所以,在实际的工作开展过程中,应该加大对教育模式的改革,采用多种方式积极的构建创新创业实践平台。一方面,以创业大赛等实践活动为载体,学生创业能力。通常情况下,创新创业实践活动是创新创业教育的第二课堂,其不仅可以对学生的创业理论进行丰富,也可以在此基础上,不断地提升其实践能力。因此,高校应该积极组织创业大赛,引导学生积极参与,学生可以通过组建创新团队,实施创业计划等,不断对自身的能力进行提高,从而为自身的发展奠定良好基础;另一方面,以众创空间为依托,合理的对创新创业实践平台

进行构建。在具体的发展阶段,应该将高校、学生、政府等有效的融合在一起,打造集科技企业孵化器等为一体的众创空间,并将其与创新创业有效的融合,实现线上线下的协同效应,进而为学生营造更大的实践空间,促进其创业能力方面的提升。

为了可以向社会输送更多的复合型人才,在高校的实际发展过程中,一定要加大对大学生创新创业教育的重视,能够明确这一工作的意义,了解教育工作开展过程中存在的难点,深化改革,加大探索力度,有效地制定创新创业教育工作方案,保证可以为创新型国家的建设提供更多的人才,进而从根本上推动我国社会的可持续发展进程。

第五章　高校企合作人才培养路径

第一节　信息技术类高校校企合作人才培养

在当今世界经济竞争愈来愈激烈的今天,信息技术类产业在经济竞争中扮演着日益重要的角色。以正在进行的中美贸易为例,美国将信息技术行业中的中兴、华为等知名企业视为重点打击对象,更不惜举国家之力打击华为等领先企业,将狙击我国信息产业企业的发展视为遏制我国经济崛起的关键环节与重点步骤。信息技术类产业在国民经济发展中发挥着重要的基础性与先导性作用,而持续健康发展这一产业的关键在于人才培养,其中,信息技术类高校在信息技术类专业人才的培养上,又发挥着特别重要的作用。

一、信息技术类产业及人才培养的特点

信息技术类产业属于朝阳产业,具有技术密集、资金密集的特点。在经济全球化的背景下,信息技术类产业也是产业全球化程度最高的产业之一,虽然美国占据着重要的主导地位,但由于产业供应链条很长,产业供应往往需要由分布于世界范围内多个国家的不同企业协作完成。由于信息技术类产业可以通过对工业、农业、服务业等其他产业的高度渗透,帮助这些产业提升效率、降低成本及改善效率,因此其在国民经济发展中发挥着重要的作用。

但信息技术类产业也是一个高度竞争的产业,产业技术的创新速度极快。有关资料显示,信息技术类的专利每年增加数量超过 50 万个;由于行业内的技术更新速度很快,有关科研资料的平均有效寿命期限大约只有 5 年。众所周知的摩尔定律,揭示了集成电路的性能每隔 18～24 个月便能够提升一倍的事实,也充分显示了信息技术类产业的进步速度。高度进化的产业技术更新速度,给相关高校的人才培养带来了巨大的挑战。由于这一行业内知识老化、陈旧化的速度远远快于其他行业,高校的人才培养如果不能跟上产业技术的发展与更新速度,将会给人才培养的质量带来极大的负面影响。而校企合作,则应是高校了解产业发展需求、把握产业发展趋势的一条重要途径。

二、信息技术类高校校企合作对人才培养的现实作用

校企合作是高校与企业之间建立的一种合作模式,通过将高校与企业各自的优势资源

有效结合、协同,在人才培养上既注重基础理论知识的学习,又注意结合产业实际的实践能力培养,最终达成适应市场变化趋势、满足市场需求的人才培养目标。在信息技术类产业更新周期加速的时代背景下,这一人才培养模式可以发挥明显的作用。

校企合作有利于激励学生的内在学习动力与创造能力。在校企合作下,高校的培养目标定位能够更好地结合市场需求与技术发展的趋势。在此导向下的课程设置与教学体系能够更好地融入现实需求,更好地激发学生的学习兴趣,因而更好地激励学生的内在学习动力与创造能力。

校企合作有利于提升学生的专业能力与实践能力。校企合作的模式下,学生有更多的机会将课堂学习的理论知识用于实际的项目开发与生产活动,在实践活动中检验、巩固其对基础理论知识的掌握程度。与此同时,这些活动能更好地培养学生思考实际问题、解决实际问题的能力,通过“从实践中来,到实践中去”的正向良性循环,从而实现专业能力素养与实践能力的有效互动提升目标。

校企合作有利于解决人才培养与产业需求脱节的矛盾。在信息技术类产业高速发展的背景下,产业对人才技能的需求热点快速变换。而高校传统的人才培养模式下,往往在课程设置、人才培养体系设置上维持多年不变,很难适应快速变化的产业技术特征,并因而带来人才培养与产业需求脱节的矛盾。而校企合作通过在高校与企业间建立紧密的合作、协同关系,让高校拥有更加深入的渠道了解行业前沿的需求与信息,因而更有助于解决这一矛盾。

三、企合作的电子信息类专业应用型人才培养方法

为了有效提高电子信息类专业应用型人才培养质量,我院提出一种企业全程参与高校人才培养各个环节的“校企合作的应用型人才培养模式”。企业全程参与学校包括课程教学体系的制定、教学过程的实施、师资队伍的建设、创新基地的建设等多个环节。本模式顺利实施的关键是找到高校、企业、学生三方的结合点,实现“多赢”。

(一)创新运行机制

建立校企合作人才培养专家委员会,实行“校企互动式”办学方式。专家委员会由企业高级管理人员和校内专家组成。为了开展全面深度的合作,委员会一方面负责指导人才培养方案的制定、教学模式的改革、适应校企合作培养的教学管理制度的制定和科研合作等方面工作,另一方面负责协调学生的实习实践、企业工程师兼职在校内授课和师资培训等方面的工作。

(二)校企合作共同制定课程教学体系

通过与企业的深度交流合作,根据企业相关岗位所需要的专业能力和素养,结合本专业

自身特点,明确专业培养目标和培养要求。在人才培养专家委员会的指导下,通过市场调研,由专业教师和企业工程师共同对专业课程体系进行优化。一方面根据市场需求和行业变化调整课程设置,整合课程内容;另一方面以真实项目为依据改革课程内容,引入企业工程师培训课程,从而形成以能力为核心,建立更符合社会需求的课程教学体系。

(三)联合建立以培养应用能力和创新能力为核心的实践教学体系

实践教学作为应用型创新人才培养的重要环节,在提高学生实践能力、创新能力和社会适应能力等方面具有无可替代的作用。由于高校和企业的不同特点,可以取长补短,建立多种形式的基地。(1)共建校外实习实践基地。本科生可以在实习基地进行短期生产实习,也可以进行以企业课题为内容的毕业设计;(2)在校内建立校企联合实验室。有效利用学校资源、企业进行适当投资,在校内建立校企联合实验室,以企业项目需求为内容完成学生实践环节;(3)设立"企业杯"学生竞赛。引导企业在学校设立"企业杯"学生竞赛,将企业中的预研课题或技术难题作为竞赛题目,不但可以充分发挥学生的聪明才智、锻炼学生的创新能力、了解企业实际需求,还可以为企业解决实际技术问题提供思路。

(四)构建"双师型"师资队伍

应用型人才培养,要求教师不仅具有较高的理论素养,还需要具有较强的实践经验和应用能力。而目前高校教师普遍没有企业一线的实践经验,但构建一支结构合理的"双师型"师资队伍是应用型本科教学改革的必然要求,对提高实践教学质量起着至关重要的作用。

利用校企合作,高校一方面通过与企业开展业务培训、课题研究、挂职锻炼等方式来培养和提高教师的实践能力;另一方面,高校聘请企业中具有丰富实践经验的专家或优秀工程人员作为高校兼职教师,参与教学过程,这样可以将课程的理论知识与生产实践紧密结合,以实际工程问题进行案例教学,引入行业领域的前沿技术,促进教学内容和方法的创新,从而提高学生的综合能力和加强系统的工程意识。

(五)"产学研"相结合提高教学水平和质量

"产学研"结合是校企合作的一项重要内容。通过校企资源共享,双方开展联合科研项目,一方面解决实际生产中遇到的技术难题;另一方面将科研成果向市场和产业转化,其结果又可以反哺教学,提高教师的教学水平和教学质量,并且在此基础上,企业在学校建立科研创新基地,以实际工业课题作为科研课题,吸引学生参与课题研究,提高学生的工程实践能力和创新能力。

建立科学发展的校企合作人才培养模式,是培养符合社会需求的高质量工程应用型人才的必然选择。通过校企合作,学校可以优化课程设置方案,完善实践教学体系,构建"双师型"师资队伍,加速科研开发和成果转化进程,提高应用型人才培养质量。企业可以将高校作为人才培养基地,有目的地培养和选拔高质量人才,减少培养成本,同时可以开展技术创新和推广,传授企业文化,增加潜在用户群。而学生可以通过校企合作,提前了解职业岗位的需求,增强工程实践能力,提高职业素养和就业竞争力,最终实现高校、企业和学生实现共赢。

校企合作培养目前在深度和广度上与发达国家相比还有较大的差距,如何真正做到企业与教育的融合、互相补充、互相促进,是高校、企业和政府面临的重要课题。只有在多方共同推动下建立良性合作机制,才能继续发展和深化校企合作人才培养模式。

三、校企合作模式下高校信息类专业创新创业人才培养模式

(一)转变教育理念,营造创新创业氛围

地方高校转变以前关起门来办大学的教学理念,依托校企合作,吸收 IT 类企业先进理念和市场需求信息,结合地方特色,塑造适合创新创业人才培养的校园环境,为人才培养提供沟通、交流和学习的平台。通过企业的介入,使其具有创新创业意向的学生能够实现与企业之间无障碍的沟通与交流;使学生能够了解到企业和社会的实际需求,合理调整职业规划,合理调整创新创业计划,使其更符合社会和行业需求。

积极开展"以创新创业"为主题的校园主题活动,聘请企业家来校为大学生开展各种 IT 类创业知识讲座,分享 IT 类企业家的创业故事,分享鲜活的 IT 类创业实践案例,营造以双创为主题的校园文化氛围。组织学生在 IT 类企业现场观摩,了解企业生产流程,实地了解创办企业所需的各种资源要素,提高学生参与创新创业实践的积极性。同时,积极开展创业计划大赛等活动,组织学生积极参加,将创新创业教育和创新创业思想融入大学生的日常学习和生活中。

(二)校企共建创新创业实训基地

在日常创新创业课程的开展中,重点放置在提升学生创新创业能力的课程方面,着重培养学生的创新创业意识与精神素养。在大学一、二年级教学中,增加创新创业基础、创新创业训练等创新创业基础理论课程。在三、四年级的专业课程教学中,融入创新素质和创业能力培养的课程,在学习专业课的过程中潜移默化渗透创新思想、创新意识和创业精神。

比如依托淘宝、邮政公司等企业建立电子商务实训基地,作为学生认知实习、课程设计和毕业设计的实习基地。在实习基地,学生一方面感受和了解电子商务的整个流通过程;另一方面可以针对实际电子商务过程提出一些自己的想法和完善建议。同时,学生也可以依托实训中心自己开展创业或创业模拟,完成项目选择、项目设计、项目实施和演示等整个过程,将专业知识学以致用。

(三)校企共建创新创业实验班

创新创业实验班旨在把高校资源和企业资源合理组合,借助高校的科研、人才、场地和

设备等优势,借助企业的技术和管理等优势,实现优势互补,强强合作。帮助学生明确未来学习和发展方向,激发其创新创业的热情。

创新创业实验班为有创业意愿或创意性想法的学生提供了解创业所需知识、培养创业技能、搭建创业实践平台渠道。培训的内容涉及创业政策及法律知识、创业风险管理、创业财务管理、创业融资管理、企业人力资源管理等基础知识,以及商务礼仪、谈判技巧、沟通训练、情商修炼、计划书撰写、团队文化、团队精神、核心领导力提升、团队沟通等创业素质。邀请企业家、投资人和创业培训师等精英参与授课,学生到企业参加相关的实习实训,进行创业的真实体验,切实感受企业的文化氛围。

实验班设置创客实验室,成员可以交流思想,分享经验,激发创意,深入挖掘、充分发挥大学生的创新创业潜力,让创业大学生的创造力和想象力得到更好地发挥。

(四)完善创新创业课程体系

依托校企合作,积极开展创新创业教育的课程体系改革,使其更加适应社会需求。结合学生专业方向和信息类专业人才培养大纲的要求,校企共同制定合作课程。实现创新创业教育和专业教育的深度融合,坚持专业教育对创新创业教育的支撑和推动作用。

缺乏具有创新创业精神和企业经验的师资队伍。绝大多数高校的创新创业教师缺乏创新创业思想、缺乏在企业工作背景和创业历练。很多的创业团队没有专业的指导教师合理指导,学生创业缺乏科学性和持续性。

比如,针对软件开发类课程,实现专业教育和创新创业教育的有机结合。根据企业需求,针对人才培养的各个阶段,开设对应的专业课程和创新创业课,在学习专业课的过程中不断培养学生的创新创业意识,提高创新创业能力。将软件开发课程分为基础课、专业基础课和专业方向课3个阶段。在基础课阶段主要学习程序语言等专业课,同时系统学习创新创业思维锻炼的课程。在专业基础课阶段主要学习数据结构和数据库等课程,同时系统学习创新创业的方法相关课程。在专业方向课阶段,主要学习软件工程等课程,辅修创业课程。

同时,课程教学过程中应该进行教学方法改革,以提高教学效果。比如采用案例分析法和模拟场景法等教学方式,使教学具有更强的实用性和实效性。在课程教学过程中,营造独立思考、自由探索的良好环境,培养学生勇于实践、敢于创新和勇于创业的精神,培养学生善于发现问题、分析问题和解决问题的能力。

(五)校企合作加强双师型师资队伍建设

教师是教育事业发展的基础,是提高教育质量的关键。师资队伍建设是校企合作模式下创新创业教育的基础,对创新创业教育的成败发挥着不可替代的作用。

坚持"请进来,走出去"原则,加强对教师队伍的建设。首先,聘请IT企业创新型企业家或者工程师来校讲学,担任讲座教师、兼职教师或实践指导教师,分别以专题讲座、授课或实践指导的形式为师生传授知识;其次,高校选送骨干教师外出参加各种创新创业教育培训,有计划、分批次选派年轻教师深入合作企业进行挂职锻炼，提升自身能力素养。同时，学校组织学者、专家定期来校对在职教师进行的 IT 新技术培训，开阔教师视野，转变教师教学观念，更新教师知识结构，保持与业界和市场同步发展。

通过这几种方式的不断培训和学习，提升教师从事高等教育工作的能力，增强创新创业的意识，开阔教育思路，进一步激发教师进行创新创业教学改革热情。

（六）校企联合开展科技创新竞赛

设立由企业冠名的科技创新竞赛，资助学生创新创业团队，比如程序设计大赛和 APP 大赛等。校企双方协商确定设计主题和比赛规则，使竞赛题目"真题"化，保证竞赛题目取自现实社会和行业亟待解决的真实课题，竞赛中所使用的技术跟上时代发展步伐。动员广大学生积极参加，鼓励组建团队吸纳志同道合的学生参与，培养学生的团队精神。

通过科技创新竞赛的参与，提高学生创新能力和解决实际问题的能力，进一步优化人才培养过程，提高高等教育教学的质量。

（七）校企联合开展技术攻关

鼓励高校教师积极主动了解企业生产需求，申报企业设立的横向项目，联合企业进行技术攻关，解决企业发展中存在的技术难题。同时，鼓励高校教师结合自身特长，与企业联合申报政府设立的科技攻关项目，解决社会发展、经济发展中的一些技术难题。

通过项目的申报和实施，提高教师和学生的科研能力、实践能力和创新能力。

（八）校企共建创业孵化基地

创业孵化基地是在政府支持下，通过多方投资市场化运作，校企联合建立。基地为大学生创业者提供经营场所、配套公共设施和相关创业服务。

创业孵化基地重点扶持大学生的创业项目，遴选具有市场潜力的项目入驻基地进行孵化。为保障项目的正常运作，出台项目管理办法和考核制度，保证各个阶段按照流程顺利进行，主要包括项目申报、中期考核、结题审核和成果鉴定等环节。通过项目孵化，使学生充分感受市场氛围，深刻了解创业流程，全面提高学生创业实战水平，孵化出具有创新理念与市场竞争力创业项目。

作为我国当前高等教育人才培养的一种类型，校企合作是培养当今社会急切需求的应用型人才的一种重要方式，是建设创新创业教育体系一个重要途径，在创新创业人才的培养上发挥着非常重要的作用。

希望通过本文的研究，能够为我国各高校的校企合作、创新创业人才培养、专业建设提供一些参考，培养更多优秀的应用型人才。

第二节 "双创"中外高校校企合作人才培养

李克强总理在 2014 年夏季达沃斯论坛上第一次提出了"大众创业、万众创新"的理念，随后"大众创业、万众创新"出现在 2015 年的政府工作报告中。自此，"双创"和"双创"教育在我国拉开序幕。大力推进大学生"双创"教育，对于促进高等教育科学发展，深化教育教学改革，提高人才培养质量都具有重大的现实意义和长远的战略意义。地方高校作为我国高等教育的重要组成部分，要严格按照国家教育理念的要求，主动加快转型进度，以服务地方经济发展为依托，培养适应社会需求的技术技能型创新创业人才。因此，构建地方本科高校"双创"教育人才培养机制十分重要。

一、"双创"在地方高校转型发展中的战略地位

第一，"双创"教育是地方高校转型发展的内在要求。袁贵仁曾指出，高校"转型的关键是明确办学定位、凝练办学特色、转变办学方式，把办学思路转到服务地方经济社会发展上来，转到产教融合校企合作上来，转到培养应用型技术技能型人才上来，转到增强学生就业创业能力上来"。随着经济形势的变化，大学生就业难与区域经济社会发展所需的应用型、复合型人才紧缺的矛盾愈演愈烈。地方高校通过校企合作、产教融合加强"双创"教育正是解决这一矛盾的有效途径，也是高校转型发展的内在要求。

第二，"双创"教育是培养应用型人才的必由之路。地方高校转型发展必须以"应用型"为办学定位，而培养应用型人才就必须开展创新创业教育。"双创"教育重在培养学生的实践应用能力，具有显著的实践性和应用性。因此，地方高校转型发展和创新创业教育的落脚点就是要培养应用型、技术技能型、创新型人才，提升学生以应用为驱动的创新能力，满足地方对多元化创新型人才的需求。将"双创"教育作为推进地方高校转型发展的切入点和突破点，是培养适应地方经济社会发展需求的应用型人才的必由之路。

第三，"双创"教育是提升学生就业能力和创业能力的助推器。近年来我国高校毕业生的就业状况不容乐观，尽管这与经济社会产业发展的人才需求变化有一定关系，但最主要的原因还是很多地方高校培养的毕业生综合素质较差，创业能力薄弱，不能很好地满足当今社会发展的需要。因此，地方高校在转型发展过程中，务必将创新创业教育纳入人才培养的全过程。

在"大众创业，万众创新"的时代背景下，校企合作既是高校转型发展的重要途径，也是创新创业教育的必由之路。地方高校和企业全方位、多角度的合作，不仅能为大学生创新创

业提供更多的实习实训机会,为实践教学提供良好的平台,也能获得一定资金支持,弥补学校实验设备短缺的不足,更好地为学生创新创业提供技术指导和业务咨询等方面的服务。

二、"双创"人才培养工作存在的主要问题

当前高校"双创"人才培养工作主要存在以下问题:

第一,对"双创"教育重要性认识不够。随着我国实施大学生创新创业教育作为创新型国家建设、高等教育育人模式改革的一项重要举措,"双创"教育逐渐得到大家的重视。但是,一些地方高校对"双创"教育的意义与重要性认识还不到位。甚至一些教育管理者认为"双创"教育是针对少数大学生的创业实践和就业行为,忽略了"双创"教育对人的综合素质和能力的提升以及职业品格塑造的根本作用,忽略了对学生创新精神和创业理念的培养。

第二,目标导向不明确。如今,"双创"教育已经引起社会各界的广泛关注,但是很多地方高校开展"双创"教育的目标导向不明确,影响了"双创"教育水平的提升。教师方面,因缺乏有效的激励机制,导致其带领学生创新创业的动力不足;学生方面,因学校不重视创新创业能力的考核,造成学生自身创新创业的积极性不高。

第三,"双创"教育的师资力量较薄弱。"双创"教育的落实关键在教师。目前,我国高校创新创业教育教师队伍不仅数量不足,而且知识结构不能满足创新创业教育多学科结构的要求。在很多地方高校,从事"双创"教育的教师主要是通过 KAB、SYB 等短期培训转型的,因而"双创"教育的授课内容往往偏重理论,纸上谈兵较多,缺乏创新创业实践经验的支撑与指导,很难提高学生的积极性。

第四,"双创"教育课程体系不健全。目前,多数地方高校的"双创"教育还只是引入了一些创新创业、职业规划类课程,课程内容局限在对创业方法、途径、技巧的讲解层面,缺乏严谨性和系统性,没有形成相互渗透,贯穿于教学过程各个环节的课程体系。诸多高校创新创业教育通常只是作为学生职业生涯规划的一部分,没有形成专业的课程体系,尤其是在课程安排与教学内容方面缺乏明确的专业定位。

第五,"双创"教育载体建设不均衡。相对于学术型高校,地方高校在创新创业教育方面起步较晚,资金投入有限,缺乏结构合理、功能互补的"双创"教育载体群。

三、校企合作完善"双创型"人才培养的探索

河北科技大学是河北省重点建设的多科性骨干大学,坚持区域性、应用型的办学特色定位,坚持大力深化教育教学改革。随着国家京津冀协同发展、"一带一路"和雄安新区建设等重大战略的部署,作为京津冀一体化区域中的骨干地方高等院校,我电气学院在服务区域经济发展特别是校企合作进行"双创型"人才培养进行了一系列有益地探索。

"双创型"人才应具有扎实的知识根基和较完备的知识结构;具有良好的自主学习、再学习的习惯和能力;具有创新创业意识和坚忍不拔的精神、意志;具有敏锐的洞察力、独到

的思维方式,善于判断和把握机会;具有高超的创新能力,实践、实施和拓展能力;具有优秀的团队精神、合作能力和社会竞争力。在学校向应用型高校转型的同时,结合"双创型"人才培养模式进行探索,我院在以下三个方面进行了改革:

(一)企业参与"双创型"人才培养方案与课程体系的完善过程

"双创型"教育旨在培养大学生的创新思维、创业意识和实践能力,不是创新型教育与创业型教育的简单叠加。结合河北省经济发展目标科学定位,是电气类专业"双创型"人才培养目标制定的关键,我院在培养方案优化过程中,针对京津冀区域发展特点,结合我省产业升级趋势,突出以创新创业能力的持续成长为核心,集理论教学与实践训练为一体,培养专业基础和专业能力,同时融入行业应用能力的系统化训练,培养能够有效服务于区域经济发展的人才。

在培养方案的优化过程中,我院积极引入企业参与机制,通过企业技术负责人与专业对接的形式,共同讨论适合"应用型"人才培养需求、同时能够拉动我省区域经济发展的地方高校培养方案。由企业从用人单位角度提出对人才知识结构和能力的需求,并参与到培养方案和课程体系的优化细节当中。

学院和专业依据"厚基础、宽口径、多方向、强应用"的原则,重新构建理论课程和实践课程并重的课程体系,实现课程体系从"理论理解能力"向"反思实践能力"的转变。在理论教学方面,突出重点专业课程的核心地位,兼顾专业能力与创新创业能力的培养。将工程训练贯穿整个学习过程,根据电气类的专业特点,构建认知实践、基础实践、综合实践和专业实践四层次树状实践教学体系,并依据各层次实践环节的特点,有效实现校企结合,聘请企业高级技术人员作为校外导师,参与到日常教学、特别是实践环节中。

我院还进行课堂教学组织形式改革,开展工程任务课程化、教学任务工程化的教学模式,通过与校企合作和校外实习单位等多渠道引入工程实践职业环境,通过课程相关的实验、上机和课程设计等实践环节加深理论学习和提高实践技能,与此同时,学生通过实际解决工程问题,提升创新创业的自信心与综合素养。

创新创业教育的主要过程是培养学生创业基本素质和开发创业能力,使学生全面具备从事创业实践活动所必需的知识、能力及心理素质,因此对课程间的知识体系梳理和衔接提出了更高要求。我院根据课程之间的内在关系,将电气类专业的电学类、控制类、传感器类、光学类、机械类、行业知识类和实践环节类七类课程以知识递进的逻辑关系进行课程地图的逻辑规划,实现课程体系的整体优化组合。在完善课程体系的基础上,提高企业在行业知识类和实践环节类的参与比例,并通过学生管理机构的职教类课程人员有机配合。通过校外导师参与专业课程讲解、企业专家指导学生毕业设计和实践竞赛等环节,给学生传授创业实践的经历,让学生在课堂上就能直观地了解企业工作的特点,有效提高了学生的专业核心技能,并有益于学生在心理上为创新创业做好准备。

（二）校企合作共建"双创型"人才培养实训基地

在国家实施"中国制造 2025"、"雄安新区"、"一带一路"等重大发展战略的大背景下，河北省也明确了建立"全国现代商贸物流重要基地、产业转型升级试验区、新型城镇化与城乡统筹示范区、京津冀生态环境支撑区"的功能地位，不仅为我省加快转型发展、创新发展指明方向，也为我院电气类人才培养目标指引新的目标。培养科学基础深厚、工程能力强、综合素质高的工程科技人才，才能为区域经济转型发展提供有效的支撑。

深度开展校企合作实训基地的建设要分层次开展：首先，要探索高校与企业的价值融合，形成校企之间的合作共识，对实践教学基地的功能、定位、属性、建设原则、建设要求、建设思路、建设标准等进行深入研究与实践；其次，尝试实训基地运行新模式，依据调查 - 研究 - 实践 - 再研究的思路，将企业文化和创新创业思想引入教学，结合开放实验室管理制度和导师制度，形成校企既分工又合作的全方位、全过程、多层次合作的运行模式；再次，利用校企合作实训基地对应用型高校师资队伍进行优化，加大对中青年教师培养的力度，积极鼓励教师服务企业、进入企业兼职锻炼，增强教师创新创业意识和能力；最后，探索和应用校企联合办学模式、实习基地模式，使学生真正实现学校和企业的"零对接"，完成学生向企业技术人员的角色转变，从而提高学生实践能力和创新创业能力。

1. 基于校企深度合作的实训基地对师资队伍的提升

培养"双创型"人才的关键是师资队伍，"双创型"培养目标对教师提出了新的要求，不仅要具有良好的职业素养、专业知识，更要具备扎实的实践技能，能够不断学习新技术，同时应用于教学过程中。适应"双创型"人才培养的教师还要具备创新创业的教育观念，能够将科研和教学紧密融合在一起。此外，还要具备独特的人格魅力，吸引学生参与到教师指导的创新创业活动中。我院在学校一系列鼓励教师参与工程实践和知名高校访学的政策上，开展了适用于电气类专业的教师培养工程，提高现有师资队伍素质，激发教师的成功转型动力。

高校教师工程实践能力的欠缺，既影响教育教学活动开展，也阻碍了教师自身科研活动的深入进行。我院建立和完善有关教师工程实践能力培养的激励、约束、考核机制，要求新入校的青年教师按照师资队伍建设的需要，必须经过半年至一年的工程实习锻炼。并且，工程实践不是一次性的，对专业有关教师都要求定期地参加工程实习经历并提交实习报告。同时创造更多的机会，增加校企合作的力度，结合河北省特别是石家庄周边的知名企业，先后建立产业孵化基地和实训基地，2016 年至今的三年内，我电气学院结合区域经济发展优势力量，先后与省内外 11 家知名企业签订了实践基地协议，支持教师特别是青年教师有计划、有侧重地到相关行业实习，积累工程实践经验，把理论知识与生产实际相结合，完善知识、能力、素质结构，及时了解行业的新技术、新成果、新工艺。鼓励教师与企业联合承担各类横、纵向科研课题，在促进科研成果转化为生产力的同时，加强了高校与企业的联系，教师也获得了实际工程的锻炼。

2. 校内外实训基地的建立和有机配合

河北科技大学拥有良好的学生创业训练平台,如我校建立的飞翔创客空间、大学生就业创业实践基地等,在现有平台的基础上,结合"双创型"培养方案,以校企结合的形式开放具有鲜明电气专业特色的学科平台。目前,已开放飞行器设计、机器人设计、电机控制与设计等专业创新平台。此外,我院也建立了独立的大学生科技创新活动实验室,组织专人进行管理与培养,为学生创新创业活动提供了有效支持。在校内各类实践基地中,以职业技能训练为主要内容,以实践创新创业能力的培养为目标,采用教师指导、学生主动参与为主要教学方法,是学生将知识转化为能力、理论应用于实际的重要渠道。

除了建立校园内的实践基地外,我院还制定了政策积极地将应用型本科生"推"校门。我国经济体制的持续改革对大学生的综合素质提出了更高要求,需要高校培养的能力和企业的实际用人需求之间高度匹配,这一需求不仅对学校教学改革提出了新要求,也为新形势下的校企合作提出了更高的目标。除了由企业深度参与培养目标与课程体系的优化过程外,从人才培养需求分析出发,我院结合地方高校特色,深入、全面进行校企合作人才培养,探索和完善应用专业类学生分类培养的模式,将学生按照考研和就业意愿,在本科阶段后期,分为学生完全进入企业培养和在学校开展学习并由企业和学校老师共同培养两种形式,对应用技术类学生的两种情况分别设计最适合的相应教学和评价体系。

(三)校企合作开展实践教学 "第二课堂"

"第二课堂"在教学组织的灵活、管理的开放、资源整合的广泛、资源配置的自主等方面凸显它的优势,是"双创"教育的有效途径和载体。"第二课堂"较少受时间和场地的限制,注重的是实践和运用。学生在实践活动中,团队的组成及能力的培训过程跨学科、跨专业,知识交叉、渗透互补,具有综合性;运作过程中,有分工、有协作,取长补短,能力互补,凸显团队精神;与社会接轨较为紧密,有助于提高学生社会化程度;为学生提供了自由的思维空间,能够创设一种特殊的文化环境来实现"环境育人"的功能,达到"第一课堂"以外的教育目的和效果。

我院与相关企业建立了长期的实习机制,将"第二课堂"延伸到企业中,组织电气类专业学生在不同企业进行不同层次的实习实践活动。先后与河北电机股份有限公司、石家庄裕华热电有限公司、中节能环保能源有限公司、石家庄科林电气股份有限公司等电气类相关企业开展实习。这种实习活动摆脱了以往以参观为主的走马观花式教学,而是组织学生参与到教师与企业合作的科研项目中,或安排学生进行企业内部的个性化实习和顶岗实习。这种教育目的和效果将潜移默化地影响学生,并逐步内化为学生的素质,增强学生的求知欲望,加强学生的"双创"意识和思维,提高学生的"双创"能力。

为保证"第二课堂"的影响力深入到全体同学中,我院每年都组织一系列院级电子设计大赛、节能环保大赛及"创新创业"大赛等竞赛环节,逐步建立以专业教师和企业导师为指导的学生梯队,在学生中宣传创新创业思想,鼓励学生在理论学习同时积极投入实践。以竞赛为依托,以专业教师和企业专家指导为助力,以获奖为激励,有效激发了本科生参与创新创业活动的兴趣,个人能力也显著提升。我院每年在国家级、省级各类实践竞赛中均获得优异成绩,学生参与创新活动积极性高涨,也培养了一批真正具备"双创"能力的专业毕业生。

高校作为创新创业型人才培养的主要基地,在培养具有创新创业能力的"双创型"人才方面具有不可推卸的责任。本文旨在结合业界对电气类专业人才的需求,从构建以能力培养为导向的出发点,阐述了河北科技大学电气工程学院在"双创型"人才培养过程中与企业深度合作的系列举措,通过与企业联合,搭建了多元化人才培养平台。结合我省区域性和电气专业性的特点,探索和应用校企联合办学模式、实习基地模式、项目合作模式等,从而达到提高学生实践能力和创新能力的培养目标。未来还会不断总结、推陈出新,真正深化校企合作并将"双创型"人才教育落到实处。

第三节　校企合作背景下高校金融人才的培养

一、校企合作模式下金融人才培养的现状及问题分析

近年,国内的生鲜产品冷链物流配送在路径方面有了很大的优化,一些城市的产品批发市场规模越来越大,但同综合性冷链物流园对比依然差距很大,所以,在生鲜经销商组织、生鲜产品批发市场等方面需要加强联合,针对生鲜产品建设冷链物流共同配送联盟。

(一) 校企合作机制不健全

与传统金融企业相比,互联网金融企业在进行风险控制和提供行业服务时,巧妙地运用了互联网的管理技术和互联网的服务思维,这种超越传统金融企业的管理及服务模式,要求互联网金融的从业者必须兼具传统金融专业的理论知识和互联网领域的工作思维模式。

目前的校企合作教育机制中,实践教学和理论教学两个环节不能有效地进行结合。大多数高校学生都是在学校学习了相关理论知识后,再由学校分派到互联网金融机构的相关岗位上进行实习,学生在接受理论知识的过程中,没有对金融企业的岗位及人员素质需求进行相关了解,无法做到学以致用。而在互联网金融的实际工作中,能够胜任互联网金融岗位的职员,既需要掌握综合金融专业知识,又必须熟悉互联网金融行业的详细工作流程、工作标准及行业服务要求。

由此可见,人才的教育培养与实际需求相脱节。学生在高校接受的教育,主要是缺乏实际针对性的金融专业理论教育和金融企业对人才培养的良好介入,校企合作教学机制不完善,学生毕业后无法快速适应并操作实际的互联网金融业务。

（二）金融实践教学体系不完善

随着金融企业向互联网进行转型，高校也认识到金融专业的高等教育急需向应用型进行转型。但是，在学校与金融企业进行合作教学的实际过程中，学校和企业均忽略了双方共赢的局面，对于双方共同的利益和目的欠缺考虑，高校的金融实践教学体系并不完善。

学校在培养学生时比较注重学生专业知识的专一性、基础性，而互联网银行及互联网券商这样的企业偏重于招收综合水平比较高的工作人员。当理论教育与实践教育脱节时，会出现以下两种情况：一是部分学习网络技术专业的学生，虽然在互联网技术方面的工作比较娴熟，但是在金融专业知识方面比较欠缺；二是部分学习金融专业知识的学生，在金融理论知识方面比较有优势，但是在计算机网络操作方面却不够娴熟。

（三）高校教师的实践应用素质欠缺

目前，许多高学历的青年高校教师，都是从学校毕业之后直接走向高校教育的工作岗位，虽然具备扎实的理论知识，但是缺乏实践经验；而从企业外聘的导师虽具有深厚的实践工作经验，但是金融理论知识不过关。因此，古板的用人机制制约了师资力量在实践与理论方面的合理衔接，高校教师普遍缺乏实践应用素质，导致了高校在进行校企联合的实践教学时，教学目标和教学定位不准确。

二、校企合作构建互联网+金融的人才培养模式

（一）共建专业

互联网的出现加速了金融行业产业结构的重建和升级，在该种背景下，高校对金融专业学生的培养模式也需做出相对应的改变。然而这种转变并不能简单的通过对一些课程的调整或是增添相关的专业术语来达到改革的效果，而应当根据现有的行业需求去系统地调整人才培养方案，包括理论和实践课程的转型升级。面对该种挑战，单纯地靠高校的力量是很难完成的，这就需要企业和高校共同合作，协同建立新专业。"互联网＋"校企共建专业需将大数据等互联网技术用于预测企业的用人需求、动态地调整专业设置和培养方案，使得改革符合企业的用人标准。具体来说，通过校企的深入合作来熟知行业未来的发展对人才的具体要求，明确高校人才培养的目标，围绕此目标来更新专业和课程设置，并依托大数据分析来寻找具有发展潜力的金融方向。在挖掘新方向后，由校企双方对培养方案进行共同修订，针对需求系统地设置课程体系和内容，突出金融专业应用型的特点。

（二）共培师资

基于互联网的发展，高校教师也应及时转变教学理念，学习互联网知识，锻炼互联网思维。高校教师可与企业合作，积极探索并尝试微课、慕课或翻转课堂等教学手段，以激发学

生的学习兴趣和提升教学效果。在课余时间，高校教师可与金融企业建立QQ群和微信群，共同探讨行业的实际发展状况、金融热点和经济政策等话题，提升双方对金融知识的认知。另外，高校教师可进入金融企业调研或是体验相关金融岗位的工作，熟悉该行业的操作流程，提高自身的教学实践能力。金融企业也可派相关职员到高校兼职教学工作，成为学生实践课程和就业方面的导师，以提升学生的实践能力。

（三）协同教学

为丰富教学形式，提高实践教学效果，校企双方可以依托互联网建立在线学习平台、远程教学和顶岗实习动态管理系统。线上教育在现阶段非常流行，该方式可为学生提供自由自主的学习机会。金融企业和高校可共同出资打造在线学习平台，该平台资源既融合金融专业的理论知识，同时也提供金融企业日常工作中的实际操作流程和视频。这些资源可让学生通过点击下载的方式保留，为金融专业学生的自主学习创造了条件。此外，实践课堂还可通过远程教学的方式体现，将金融岗位的具体操作流程向学生进行情景再现，同时高校教师可向学生进行解说，在遇到不明白的问题时可随时讨论交流，以此调动学生的课堂积极性和熟悉操作技能。在学生实习阶段，校企双方可建立顶岗实习的动态管理系统，用于管理和指导学生实习，避免学生出现态度懒散、不认真的情况。

（四）共促就业

人才培养的最终目的就是能够满足行业需求，因此，校企双方应共同努力培养高素质人才，提高就业的比率。如校企双方可加大推行互联网＋大学生创新创业活动，对大学生的互联网和创业思维进行培养，发掘优秀人才和项目，以及对比较好的项目提供资金支持，推动项目的开展。另外，高校可定期邀请金融或互联网等企业进入高校开展创新创业论坛，多角度、多层次地为师生分享经验和想法。同时，可聘请这些企业家作为高校创新创业的导师，指导学生开展创新创业项目。此外，高校也可和企业合作利用互联网技术建立孵化基地，为大学生提供真实的就业模拟环境，提前体验金融行业的岗位，并根据日常的训练逐渐形成岗位体验库和职业技能评估报告。这都是提升就业率的创新方式。

三、"互联网+"金融人才培养模式的实施路径

（一）培养互联网思维

随着互联网技术对金融行业的渗透和融合，高校对金融专业的人才培养理念也应随之改变，应将互联网思维纳入日常教学中，强调互联网和信息化技术的重要性。因此，要求学生不仅要掌握牢固的金融专业的理论知识，还必须要重视计算机的考级，掌握互联网知识，使其满足现阶段金融行业对泛人才的需求。

（二）提升金融专业教师的信息化教学水平

现大多数高校金融专业的教师仍注重对于金融专业理论知识的讲解，而对信息化技术掌握甚少，无法在课堂上真正地做到将互联网和金融知识进行深入融合。所以，各高校应加大对教师信息化培训的力度，考虑到每个教师掌握的程度不同，高校需做到个性化且分层次的培训。并将教师的学习情况计入年终考核和职称评定，避免教师在培训中出现敷衍、不认真的态度，最终使得高校教师较好地掌握相应的技术。这样可让教师在教学的过程中充分利用互联网手段丰富教学内容和教学形式，对学生进行线上和线下培养，从而进一步提升教学效果。

（三）建设与"互联网+"相配套的教学资源

随着"互联网+"在教育和金融方面的应用，高校需改革原有的教学资源和环境，以适应现代教学的要求。在人才培养方案的设置上，根据现实需要，应添加互联网金融和计算机网络等相关课程，并增加这些课程在实践环节上的学时。在专业课程建设上面，除传统的纸质材料外，应建设与之相对应的电子资源平台，包括电子课件、案例库、微视频、重难点 Flash 动画、试题库和在线测试等。现市面上有些教材上提供了二维码，师生用手机扫下二维码就可获得相关知识点的介绍和案例等，为学生的自主学习做了充足的准备。因此，高校可借助互联网平台将教学资源数字化、立体化地展现给师生，进一步促进金融专业教学的改革和教学质量的提高。

（四）加强校企双方的深度合作

由于高校受经费和办学条件的制约，想要建设一系列与"互联网+"相配套的教学资源是比较困难的，而这就需要企业积极、深入地参与到高校的信息资源建设和日常教学中来。校企双方可共同研究互联网技术和金融市场的发展趋势并制定相对应的人才培养方案，且建立配套的信息资源平台，将互联网技术充分地应用到金融专业的教学上。此外，校企双方也应通过孵化基地、校内外实训基地、"互联网+"大学生创新创业平台、远程互动教学平台等建设来加强对学生实践操作能力的培养。

互联网技术的出现极大地改变了我们的生活方式和生活习惯。因此，高校也应顺应时代的变革，充分地利用该技术进行金融专业的教学改革，全面提高师生素质。基于此目标，高校需加强与企业合作，不断地寻找和挖掘创新的合作形式，建立新型的合作关系，共同培养泛金融人才。

第四节　校企合作下的高校创新创业人才培养

近年来,随着"大众创业、万众创新"口号的提出,我国创新创业发展取得了里程碑式的进步。从教育部门公布的数据来看,我国高校毕业生人数不断增加,2015 年约为 727 万,2016 年达到了 765 万,2017 年增加至 795 万,就业形势越发严峻,在这一背景下,很多大学生走上自主创业的道路。基于此,校企合作培养创新创业人才的意义更加重大,不仅要从行动上帮助学生提高实践能力,更要从思想上帮助学生培养创新意识,进而从整体上提高社会的创新能力。

一、校企合作模式下高校创新创业人才培养概述

在校企合作模式下,学校和企业结合双方优势,学校为学生提供理论知识基础,企业则为学生提供将理论应用到实践的机会,二者共同培养创新创业型人才。从教育模式上来说,校企合作教学是对传统教学模式的创新,弥补了传统教育方式对学生实践能力培养的不足。

校企合作教学重视培养学生的创新能力和实践能力,创新创业人才培养就是从这两个方面出发的。创新是一个相对概念化的过程,即在某种环境下,突破固有的思维模式,对现有事物进行改造或提出新的方式方法;创业则更倾向于实际行动,主要是从经济的角度来定义,是一个人在发现商机并实施后创造经济价值、获取经济利益的行为。创新与创业是相辅相成的,创新是创业的源头,创业则是创新的结果。

校企合作模式下高校创新创业人才的培养需要结合社会发展需求与高校和企业的具体情况,力求对高校和企业的教育、实践资源进行最大化利用,建立"以学生为主体、以创新为目的"的人才培养体系,摆脱传统教育模式下的填鸭式教学,充分激发学生的主观能动性,为社会培养真正所需要的人才。

2015 年 5 月,国务院办公厅印发了《关于深化高等学校创新创业教育改革的实施意见》,指出:"各地区、各高校要落实立德树人根本任务,主动适应经济发展新常态""加快培养规模宏大、富有创新精神、勇于投身实践的创新创业人才队伍"。意见明确的 9 个重点任务中,仅靠高校自身完成,既不符合现实情况,也不符合逻辑关系,这就需要企业参与。

二、创新创业教育的理论基准

创新创业教育是培养创新创业人才的核心,只有将创新创业教育的概念剖析明白,才能有的放矢,谈论如何进行创新创业人才的培养。东北师范大学的学者用多篇文章从不同角

度论证了此概念。在光明日报 2013 年 3 月 14 日第 011 版，张澍军论述了"作为理念和模式的创新创业教育"，总结起来为：创新创业教育以培养创新精神、创业意识和创业能力为基本价值取向。王占仁分别在 2012 年 3 月、2015 年 5 月、8 月发表文章阐述了"广谱式"创新创业教育，通过与相关概念释义对比，推论处广谱式创新创业教育体系建设的全覆盖、分层次和差异化三个基点：面向全体学生开展，目的是提高创新意识、创业精神与实践能力；对有意向创业的个体化培养，提高实战技能；"嵌入"专业教育中。创新创业教育的四个层面的体系架构："通识型"创新创业启蒙教育；与相关专业结合的"嵌入型"教育，"专业型"创业管理教育；"职业型"创新创业"继续教育。创新创业教育中亟待破解的问题是：无法与专业教育有机结合；把创新创业教育当成"老板、企业家速成班"；在施行中有"创办企业论""第二课堂论""多数陪榜论"等内涵窄化现象。并在 2016 年 3 月展望了创新创业教育学科化的发展取向。

三、构建高校创新创业人才培养质量评价体系的原则

（一）科学客观原则

科学、客观是构建创新创业人才培养质量评价体系所要坚持的首要原则，第一，要对高校学生的心理特点和认知需求有科学客观的认识评价，从而摸索校企合作模式下高校创新创业人才培养的规律；第二，要对社会所需人才的特点和要求进行科学客观的判断，从而培养社会真正需要的人才。因此，在校企合作模式下构建高校创新创业人才培养质量评价体系，必须从实际情况出发，注意评价指标选取的科学性与合理性。

（二）全面立体原则

创新创业人才培养质量评价体系必须坚持全面性原则，通过层次化指标构建立体的评价体系。为了对人才培养质量有一个综合全面的评估结果，需要多角度、全方位地制定评价指标，构建层次化指标体系。

（三）系统设计原则

高校和企业在进行人才培养质量评价时，可以借助不同的指标，但需明确各个指标之间并不是完全独立的，高校和企业在评价过程中是不可分割的整体系统，明确人才培养质量评价体系的构建是一个系统化的过程，需要遵循系统设计这一原则。

（四）动态发展原则

人才培养是一个动态化的过程，因此在建立人才培养质量评价体系时也应坚持动态原则，用发展的眼光看问题。与高校不同，企业所面对的市场环境瞬息万变，坚持人才培养质量评价的动态发展原则，能够更加真实地反映校企合作模式下人才培养的动态变化。

综上所述,为了适应社会经济和科学技术的发展速度,满足当前市场产业结构转型发展的需求,就必须不断加快对高校创新创业人才的培养,为社会输送更多高素质的创新创业人才。校企合作模式融合了企业和学校的双重特点,帮助培养学生的创新意识和实践能力,目前我国很多高校都与企业建立了合作,但双方在人才培养的方式方法上仍有一定的差别,导致不能完全发挥出校企合作教学的优势,因此,在构建人才培养质量评价体系时,要本着科学、全面、系统、动态的原则,明确人才培养目标,建立协同机制。

四、高校校企合作创新创业人才培养方法

高等院校在开展教育工作时,校企合作能够有效落实是培养创新创业人才的重要保障,相关人员需要对其进行深入分析,确保能够高度适应现代"互联网 +"环境发展需求,强化学生创新创业能力,确保学生能够更为高效地参与创新创业,提升学生的整体素质,为了进一步明确高等院校如何更为有效地培养创新创业人才,特此进行本次研究工作。

(一)科学改进课程体系

在现代互联网 + 环境下,高等院校需要对其教育教学观念进行科学转变,对其传统人才培养模式进行有效突破,遵循人才成长规律和教育教学规律,进行创新创业课程的合理构建,确保能够使其教育教学工作培养更多的创新创业人才。首先需要针对创新创业教育设立专项教育课程,确保能够对相关行业发展,对其课程教学造成的影响得到有效突破,在课堂教学中合理融入国际学术前沿和学科发展脉络,确保能够对学生进行创新性思维的科学培养,进而对其创新创业灵感进行有效激发,并将其合理纳入学分管理;其次,需要针对创新创业教学,设立学科课程,为了更为高效的培养创新创业人才,高等院校需要对其它多学科进行有效综合,确保能够合理构建跨学科课程,使其学科课程体系具有丰富的内容。在学生完成课程学习之后,授予对应的学科证书。与此同时,高等院校还需要针对创新创业设立大讲堂,可以聘请行业尖端人士来校开设讲堂,大讲堂的科学开展,可以使学生和业界人士近距离接触,进而使其进一步理解创业的艰苦历程,对学生进行创新创业精神的科学培养;最后需要对其教学考核方式进行合理创新,进行在线学习平台的合理建设,确保学生能够与教师以及学生之间进行更为有效的交流合作,科学应用翻转课堂,进行服务式,参与式,讨论式和启发式教学,确保能够对学生学习兴趣进行有效激发。同时还需要对其考核方式进行科学改革,引导学生进行自评和互评,确保学生能够合理应用课堂所学知识,对其知识应用能力进行重点考察。除此之外,还需要引进海外优质的课程,确保能够对其教育资源和教育经验进行合理丰富,进而对学生创新创业能力进行更为有效的,或者使其能够高度适应各种文化环境。

（二）强化师资队伍建设

高等院校在进行创新创业教育时,教师专业素质对其整体教学效果具有很大的影响,地方高校如果想要更为高效的实施创新创业教育,需要合理配备专业教师,确保学生在参与创新创业时,能够正确抓住市场方向,从而实现成功指数的有效提升,确保学生在创新创业方面具有更大的动力。首先需要对教师创新创业搭建实践平台,确保专业教师能够深入行业企业进行挂职锻炼,鼓励教师对学生创新创业进行有效指导,同时还应该基于产学研结合进行科技成果处置的合理完善,优化收益分配机制,确保创新创业教师可以对专业知识进行更为高效的应用,科学转化科研成果,进而对其实践经验进行有效的拓展。其次,还需要针对创新创业教育,建立考核激励机制,在教师绩效考核,岗位聘用和职位招聘等方面合理融入创新创业教育,同时还需要针对教师创新创业教学设立专项奖,并为创新创业筹集大量的基金,有效激励在创新创业教育方面做出突出贡献的教师,确保能够让教师利益得到有效的保护。最后需要对创新创业教师加强能力培训,高等院校需要组织专职教师进行骨干研修,课程轮休和岗前培训,同时还需要引导相关教师积极参与行业企业生产,确保能够实现教师专业技能和职业体验的有效提升。除此之外,高等院校还需要在校园内科学引进优秀项目资源和企业工程师,设置第二课堂,确保能够对其项目实战案例和教师队伍进行合理丰富,进而对教师创新实践能力进行更为有效的培养。

（三）打造校企合作平台

在现代互联网+环境下,强化校企合作,能够保障高等院校和相关企业共同发展,互利共赢,进而对学生进行创新创业能力的科学培养,强化学生实践能力。高等院校在具体推广校企合作,首先需要在课堂中科学引进资质认证和企业认证,在培养学生实践能力,学校需要严格考察相关企业,已承认学分和选修课等方式在课堂中引进相关资质认证和课程认证。因此同时需要校企合作,针对创新创业教育建设相关实践基地,高等院校需要向社会企业拉取赞助,共同构建创新实践基地。与此同时,相关企业还需要为学生设立创新实践基地,确保学生在实践活动中能够有效结合相关教育理论,高等院校可以研讨学生参与实践基地,确保学生可以对相关企业进行实地考察,使学生更深刻的了解创新创业。最后学校还需要和相关企业进行合作办校,合理创新办学体制,确保能够吸纳丰富的企业资金和企业资本,使其教育工作实现校企合一,进而确保高等院校能够更为高效的实施创新创业教育。高等院校在具体进行校区合作时,需要在创新创业教育中合理融入营销单元和研发单元等模块,确保能够对学生进行更为有效的专项化培养,强化学生创新创业技能。

总之,高等院校在开展教育工作时,通过科学改进课程体系,强化师资队伍建设,打造校企合作平台,能够确保有效落实校企合作,进而培养更多创新创业人才,使其教育工作高度适应现代互联网+环境,推进现代教育教学活动的进一步发展,实现整体教学质量和教学水平的全面提升,强化学生整体素质。

第五节　校企合作视角下高校传媒人才培养

随着传媒技术的快速发展和社会资讯需求的日益丰富,传统媒体与新兴媒体不断迅速融合,推动传媒行业自身的快速变革,同时也对高校传媒人才培养提出了更高的要求。传媒企业具有行业前沿的新技术、新思维,高校具有丰富的传媒教学与研究资源,二者整合资源,合作培养紧贴行业需求的高素质创新型传媒人才是解决当前传媒人才问题的重要途径。根据传媒学者刘蒙之、刘战伟的《中国传媒人才能力需求报告(2018)》统计,全国有681所高校开设了1244个新闻传播本科专业点,在校本科生约23万人,在校教师约7000人。其中新闻学326个,广播电视学234个,广告学378个,传播学71个,编辑出版学82个,网络与新媒体140个,数字出版13个。该报告指出,我国传媒行业真正缺少的是适合传媒岗位实际需求的人才,当前和今后一段时期我国传媒行业人才供给和需求两侧都有问题,但矛盾的主要方面在供给侧。如何解决传媒行业人才供给侧问题,关键在高校。

笔者近年来从事高校传媒课程的教学和研究,参与校企合作传媒人才培养建设,深感由于高校与企业在人才培养体制、人才评价标准的巨大差异,高校传媒人才培养与市场需求产生一定的错位,需深入分析其原因,探寻对策,走出传媒人才培养困境。

一、高校传媒人才培养现状与困境

(一)教师行业经验严重不足

高校传媒专业教师是学生专业入门的引路人,对学生专业发展至关重要。专业教师的产业视野、专业技能、研究能力等深刻地影响着人才培养质量。而目前高校传媒专业教师绝大多数是从本科读到博士,从高校毕业后直接进入高校任教,几乎没有任何传媒行业相关工作经验,无论从事教学工作还是研究工作,都与产业隔着距离进行着"纸上谈兵"的工作。传媒行业深受信息科技发展的影响,技术的更新迭代的加速引发市场变化。理论更新迭代的速度远远落后于信息技术的更新迭代,产业中出现的往往是比理论场景更为复杂的媒体运营环境。高校里单纯的理论教学只能培养学生基本的传媒理论素养,无法很好地运用在产业实践中。没有任何传媒产业经验的教师要培养出满足传媒产业需要的高素质人才,这是当前高校传媒人才培养的悖论,一方面是传媒企业叫苦招不到满意的人才,招进入人才后还要继续培训方能上岗;另一方面是高校传媒专业学生难以找到与期望值匹配的工作,必须继续学习新的技能才能找到合适的岗位。当前高校普遍开展校企合作,聘请业界导师,但受校、企各自体制的限制,外聘的业界导师来校"蜻蜓点水"式的授课方式显然无法充分满足人才培养的需要。

(二)学生人文底蕴积淀不够

当前高校传媒专业中新媒体作为传媒产业新的发展方向,越来越偏重技术发展,图片处理、视频制作、APP 小程序开发、H5 制作等技能已经远远超过传统的新闻学和传播学采、编、播一体化中的技能要求,学生热衷于传媒技术的学习,追求新技术成为时尚。受技术化发展趋势的影响,传统的新闻学与传播学的人文性开始出现弱化的现象,直接导致信息传播中出现人文价值的弱化,导致社会整体价值观的下滑。但是从传媒产业发展的历史来看,信息传播中技术只是工具和载体,信息是内容,信息传播的过程是将内容经过创意运用技术载体传递给受众。这一过程中,通常传播的内容需要经过创意成为特定群体所需的信息,技术工具和载体的运用同样要经过创意来实现。从这个意义上讲,传媒产业属于典型的创意产业,创意的实现需要深厚的文化底蕴,没有深厚的传统文化积淀和现代社会科学素养,创意就会流于形式而显得苍白无力,信息传播的过程也会显得刻板僵化。

(三)社会资源利用效率低下

校企合作可以使高校传媒专业围绕社会媒体发展实际,服务地方经济建设,积极拓展办学资源,与企业、科研单位、相关业务部门联合开展人才培养和专业建设,为传媒专业长远发展打下坚实基础,有力促进教师的专业教学与学术研究水平的提高,提升学生的理论水平与专业能力。"春江水暖鸭先知",传媒企业对行业变化高度敏感,洞悉行业发展趋势,会根据市场需求及时调整战略,运用新思维、新技术推动企业发展。而目前高校传媒人才培养仍然继续推行传统的规模化教学,人才培养方案、教学计划、教学人员、教学设备等相对固化,一旦调整诸多要素要随之变化,因此高校传媒人才培养模式过于固定,调整节奏缓慢,很难灵活地与传媒企业实际需求相匹配。校企合作中在专业教学、产品研发、业务拓展、产业运营、项目研究等方面合作契合度不高,导致目前校企合作整体呈现出形式大于内容,双方实质性的融合互补力度不够,造成高校对社会资源利用效率低下。

(四)人才评价校企错位过大

人才评价是高校人才培养的指挥棒,对高校人才培养方案、教学计划、考核方式起决定性作用。高校传媒专业普遍实行规模化的人才培养模式,导致长期出现分类评价不足、评价标准单一、评价方式趋同、评价社会化程度不高的现象,对人才的培养还在传统的单一专业能力上徘徊,人才培养方案、教学计划、考核方式固定有余,灵活不足,不利于传媒行业人才创意能力个性化发展的需求。而传媒行业的人才评价是定位于行业长远发展的实际需求,随着技术的更新迭代不断变化,高度市场化。"一专多能"的全媒体技能是其首要标准,不仅需要"一招鲜",更需要"百招全"。融合媒体时代传媒企业需要的传媒人才不仅要具备新闻、视频、图片、文字、音乐、平面、客户端等传统的细化处理能力，更要具备整合传播策划、运营能力，擅长融合产品多形式内容生产，精通各种介质的融合分发。对传媒人才的供给端高校与需求端的传媒行业的人才评价标准进行比较，双方错位较大，显然不利于高校传媒人才培养质量提升，也影响传媒行业的长远发展。

三、创新高校传媒人才培养路径

（一）师资队伍：不求其有，但求其在

校企合作为高校传媒专业的人才培养提供了更多的行业资源，外聘的业界导师、产业教授成为专业教学师资的重要补充，为专业教学提供丰富的师资。高校在利用校外教学资源时要落到实处，大胆打破高校传统的用人机制，不求其有，但求其在。改变原有的或是管得过细过于僵化，或是放任不管，流于形式。要进行服务式管理，为外聘教师提供良好的工作条件、薪酬待遇和评价机制，激发其育人的荣誉感和责任心，将产业一线的新技术、新思维融入教学之中，满足行业实际需求培养学生的专业能力。企业应当针对市场发展新方向、新需求设立研究项目，支持外聘教师与高校内部教师联合开展项目研究，提供相应的研究经费和宽松的管理机制，实现研究成果的迅速转化。高校要建立灵活的教师行业学习机制，变通传统的对教师的考评办法，鼓励校内专业教师走进产业一线，学习研究行业新思维、新技术，具备一定的产业经验后重返讲台，将产业经验嵌入教学内容，使教学内容和教学手段与传媒行业发展保持一致。

（二）学科建设：不求其全，但求其专

高校传媒专业学科建设要根据行业发展需求，在学科建设上要做好顶层设计，打破专业壁垒，以培养全媒体人才为导向，在原有专业中融入全媒体理念。学科建设要不求其全，但求其专，实用为上。要优化人才培养方案，构建应用型课程体系；要充分整合校内外资源，发挥外聘教师的行业资源优势和校内专业教师的理论教学优势，建设"联合创作"课程教学团队，合力开发项目式教学课程。将传媒企业实际项目融入课程教学之中，坚持"真题真做"，以项目促教学，以项目评价教学，不断总结实战型教学团队的建设经验。在实践教学中鼓励学生利用微信公众平台、微博、头条号等新媒体平台进行基本实践，通过实践深刻理解并掌握新媒体传播的基本规律，将理论知识转化为实践能力，指导学生组建的校内媒体尝试商业化运作，培养学生的媒体运营管理能力。高校传媒展业学科建设要充分借助外聘教师源自行业的国际化视野，吸收全球化的智慧与资源，在学科建设中注重提升学生参与国际媒体市场竞争的能力，为传媒行业培养全球化竞争的坚韧力量后备军。

（三）办学资源：不求其广，但求其用

高校与企业开展校企合作，要高效整合校内外办学资源，不求其广，但求其用。双方共

同致力传媒人才培养、实习实训和就业创业，为相关企业和单位人才招募、产品研发、业务拓展提供新机遇，同时加强产学研管理合作，在产业运营、项目运作、课题研究、挂职锻炼等方面开展深入合作。建立具有良好互动的合作机制，共同组建合作共建委员会，指导、协调合作活动。合作共建委员会成员由学校、企业、行业管理部门相关工作人员等组成，定期召开会议，加强多方联系与信息交流，及时通报工作进展，协商调整工作方案，积极推进合作办学。共同建设合作教育管理平台，共建、共管、共享资源，发挥各自的优势，共同培养急需人才，共同开发专业课程，共同组织项目攻关，共同组建教学团队，共同拓展就业渠道，共同建立保障机制。双方互派工作人员或教师，进行专业讲座、学术研讨或实践交流，双方共同承担科研项目，履行社会服务职能等，实现理论与实践深度融合，培养传媒行业实用人才。

（四）评价标准：不求其同，但求其实

每所高校都有自己特定的发展定位和优势学科资源，但每所高校的使命和承担的责任并不完全相同，高校在制定传媒专业人才评价标准时要紧贴行业发展需求，密切结合高校自身实际，在确保人才培养政治方向、人文精神导向不变的前提下，融入传媒行业人才评价标准，因地制宜，扬长避短，取长补短，制定科学的人才评价标准。在传媒专业本科生的培养过程中，前期一定要注重政治素养的养成和文化底蕴的积累，加强传统文化的学习和现代社会科学素养的养成，在此基础上后期加强专业技术的学习，使得内容创意能力与技术创新能力有机融合。在传媒专业人才培养评价体系中将政治素养、人文精神、专业技能、运营能力、产业视野等要素落到实处，洞察传媒行业市场与技术发展趋势，宏观把握行业发展方向，微观注重细分领域内容创意与技术创新，根据行业发展合理调整评价标准。

人才是传媒行业的第一生产力，传媒行业的快速变革给高校传媒人才培养带来巨大的挑战，传媒人才培养必须紧贴行业变革需求不断突破原有的局限。压力产生动力，校企合作中高校传媒人才培养要充分整合校内外资源，在师资队伍、学科建设、办学资源、评价标准等方面大胆突破现状，适应融合媒体时代对人才需求的新趋势，推动我国传媒行业的健康快速发展。

第六章　当代中国大学人文精神培养途径

当前,造成中国大学人文精神的缺失有全球化的影响、市场经济的负面效应、大学理念的功利化取向、教育者自身人文素质的欠缺以及大学生精神世界的缺失等多重原因。因此,培养当代中国大学人文精神是一项非常复杂的社会系统工程,既包括国家层面的制度导向,又包括社会层面的环境影响,更包括来自大学机体内部的教育改革。根据本节的研究,笔者通过借鉴国内外知名大学在人文精神培养中所取得的有益经验,为了树立以人为本的教育理念、完善大学教育教学管理体制、提高教育者人文素质等方面进行深入的分析与探讨,以求得一种正确有效的方法解决人文精神缺失的现状,进而为当代中国大学人文精神的培养做一些有益的探讨。

第一节　树立以人为本的教育理念

人文精神实质上是以人为本的精神,树立以人为本的教育理念是培养大学人文精神的宗旨所在。学生是大学的主体,体现了大学教育的目的,所以在大学树立以人为本的教育理念中,应该以学生为中心,关心学生的精神世界,丰富学生的理想信念和道德情操;尊重学生的独立人格,突出学生的主体性价值;尊重学生的选择性,满足学生的个性需求;开发学生的创造性,激发学生的想象力和主观能动性,进而完善学生的健全人格,促进学生的全面发展。

一、关心学生的精神世界

当前,针对大学生精神世界迷失的现状,大学必须要在以人为本的教育理念指导下,注重养育学生的人文精神,以丰富学生的情感体验,增强学生的使命感和责任感,坚定学生的理想信念,帮助学生树立高尚的道德情操,提升学生的精神境界。

第一,转变治学理念,确立学生的中心地位。众所周知,大学是人类精神家园的守护者,以培育具有完善人格的人作为自己的价值追求和终极使命。然而,在历史传统和市场经济条件影响下,治学理念的工具性取向使大学丧失了培育完整的精神追求,于是重专业知识教育轻人文精神培育成为大学普遍存在的客观现实,大学生精神世界的迷失也已经成为一个不争的事实。所以,关心学生的精神世界,就要培育学生的人文精神,而培育学生的人文精神，就要转变治学理念，确立学生的中心地位。这里的治学理念，一是要树立以人为本的教育理念，尊重学生的主体地位，使学生能够正确处理人与自然、人与社会、人与人及人与自身之间的关系；二是要树立现代大学教育理念，使科学教育和人文教育有机结合，帮助学生学会认知、学会做事、学会生活、学会发展的能力，教育引导学生掌握学习方法，培养团队精神，促进学生的全面发展，即身心、智力、敏感性、审美意识、个人责任感和精神价值等方面的发展；三是要树立"学校教育、育人为本、德智体美、德育为先"的教育理念，学校工作要以学生为中心，教育的目的不仅要使学生具备丰富的专业知识，更要让学生懂得人生的意义和价值，培养学生具有远大的理想信念、高尚的道德情操和完善健全的人格，教师要以身作则，率先垂范，以自己丰富的学识和人格魅力去教育引导学生，把德育工作摆在各项工作的首位；四是要树立全员育人的思想观念，要进一步明确"育人"不仅是学生思想政治工作部门或教师的责任，教育、管理、服务部门都应承担起培育人文精神的主要职责。此外，确立学生的中心地位，还要建立和谐融洽的师生关系，营造有利于学生个性发展的良好氛围。只有在平等、民主、和谐、融洽的师生关系中，学生的精神世界才能绽放出自由、价值和创新的奇迹。

第二，丰富校园文化生活，熏陶和启迪学生的灵魂世界。良好健康的校园文化具有巨大的隐性教育功能，对丰富学生的精神生活、培养学生的人文精神起到了不可替代的环境教化和启迪灵魂的作用。首先，丰富校园文化生活，养育人文精神，既要建设人文景观，合理布局校园生态环境，使校园文化环境具有浓郁的文化气息和厚重的人文传统；又要体现制度建设的人文导向，制定更加科学化、民主化、法制化、人性化的规章制度，为大学生良好思想道德素质和行为规范的养成发挥导引作用；更要营造浓郁的学术氛围、教学氛围、文化氛围，大力加强校风、教风、学风和班风建设，克服功利主义、拜金主义、利己主义的影响，增强学生的团队合作意识。其次，丰富校园文化生活，陶冶学生的精神世界，要以理想信念教育为核心，以爱国主义教育为重点，以学生的全面发展为目标，大力发挥校园文化活动的精神导向作用。在多元文化的背景下，面对西方思潮和大众文化、消费享乐主义的冲击，校园文化应坚持以马克思主义为指导的主流文化为核心，以民族传统文化为重点，以五四青年节、国庆节等重大纪念日为契机，以科技节、文化节、社团活动、社会实践、讲座、报告会等为载体，大力弘扬主流文化和传统文化，让伟大的民族精神在新一代大学生中不断地得到充实和完善，在社会主义现代化建设的伟大实践中使青年大学生不断锤炼意志品格，强化国家意识，加深民族情感，在中华民族伟大复兴的道路上实现自己的人生价值。再次，丰富校园文化生活，要重视艺术教育对大学生精神世界的培养与熏陶。艺术教育可以陶冶人的情操，净化人的心灵。早在18世纪末，德国著名诗人席勒将"艺术教育"的本质明确地界定为"情感教育"，他说："想使感性的人成为理性的人，除了首先使他成为审美的人以外，再没有其他的途径。"爱因斯坦有句名言，知识是有限的，而艺术开拓人的想象力是无限的。蔡元培曾提出"以美育代宗教"的教育主张。黑格尔也曾说过，审美带有全人类解放的性质，他主要是指艺术的实践和鉴赏能更自由地表现人的情感与心绪、想象与幻想。这样，人们可以通过对艺术形象的表现与观赏，去肯定自己的想象力和创造力，从而产生对美好事物的向往和追求。培养、提高人的素质，最根本的问题是要提升人的精神境界。因此，培养大学生的人文精神就要提高艺术教育的重要地位。加强对大学生艺术审美的教育，开展丰富多彩的艺术表演和对艺术作品鉴赏的活动，这样不仅可以陶冶大学生的情感、净化大学生的思想灵魂，完善大学生的道德品格，也使其精神境界得到不断升华，身心得到和谐发展，最终促进人文精神的养成和提高。

第三，注重与学生的心灵沟通，增强学生的道德体验。美国大哲学家杜威曾说过"教育即生活"，陶行知也曾说过"生活即教育"，都说明了教育与生活的关系，反映了教育要回归学生生活世界的愿望与追求。所以关注学生的精神世界，就要以"贴近实际、贴近学生、贴近生活"为原则，主动深入到学生的生活世界，加强与学生的心灵沟通。真正做到关爱学生、体贴学生、了解学生、尊重学生、理解学生，从而使学生体会到理解、信任、尊重和宽容，形成积极的人生态度和丰富的情感体验。此外，针对当代大学生道德判断力下降和诚信意识缺失的现象，不但要加强对学生的社会主义核心价值体系和社会主义荣辱观教育，以增强其道德认知的能力，同时也要通过教育、熏陶和感染等形式将学生的道德认知转化为道德体验，并形成真正的道德情感和道德行为，进而达到启迪灵魂和丰富精神世界的目的。

二、尊重学生的独立人格

尊重大学生的独立人格是大学树立以人为本教育理念的基础，也是培育大学生人文精神的核心内容。心理学把人格定义为个性。马克思在人的全面发展理论中强调，人的自由个性的全面发展是指人的独立性和自主性的增强以及人的自由自觉个性的实现，进而人对物的追求也变成了人对自身全面发展的追求，只有这样，人才能够真正成为自己的主人。在异化理论中，马克思也认为，人自己本身的活动之所以不自由，是因为它是替别人服务的、受别人支配的、处于别人强迫和压制的活动。所以，以人为本的理念要求突出人的主体性，在尊重学生、理解学生、关心学生、帮助学生和学生的生存及发展需要中，切实满足学生各方面合理的利益需求，在注重学生独立性、自主性、能动性、创造性和实践能力培养中，重视学生的个体差异，促进学生的个性发展。

第一，满足学生的合理需求。满足个体的需求是形成独立人格的基本前提。恩格斯划分的生存需要、享受需要和发展需要三个需要层次，是一种递进的由低级需要向高级需要迈进的丰富体系。而人的需要具有社会属性，受到社会物质条件的限制，人不可能脱离社会而独立地获得需要的满足。马克思主义认为，到了共产主义社会，由于物质财富极大丰富，人们的道德境界极大提高，人的需要才能得到全面满足，进而人的自由全面发展才可能得到实现。美国著名社会心理学家、人格理论家和比较心理学家马斯洛也按照由低到高的次序把需求分成生理需求、安全需求、社交需求、尊重需求和自我实现需求五个层次，从而为个体人格，特别是独立人格的形成奠定了理论基础。因此，尊重学生的独立人格，首先要满足学生各方面合理的利益需求，尤其在评优、选干、入党、奖助学金评审、课程选修及社会实践等涉及学生切身利益的工作中,除给予学生正面的思想政治教育外,还要充分理解学生对利益需求的强烈愿望,为学生独立人格的培养提供条件和保障。

第二,促进学生的个性发展。个性的全面自由发展是人文精神的重要表现,也是独立人格的基本特征。培养和促进学生的个性发展,首先要突出学生的主体地位,提升学生的自主意识。学生的自主性体现在独立思考、独立判断、独立行动、独立解决问题和自我进取意志,也就是说当受到外部的影响和压力时,学生能够坚持自己正确的主张,不人云亦云、不屈从权威,但又不是固执己见、盲目自负。然而,倡导学生的自主性又要避免以自我为中心的新自由主义的影响,使学生的独立自主与责任感、使命感有机结合起来。其次,要培养学生的自立、自尊、自强、自由和自律意识。自立,就是要学生摆脱对家庭和学校的依附,具有独自解决问题的能力;自尊,就是要学生正确处理人与人、人与自身的关系,能够正确做出自己的价值选择;自强,就是学生通过自身的努力与拼搏,不断克服发展道路上的困难与阻碍,从而培养出顽强的意志品质;自由是个性追求的终极目标,也是个性解放的现实体现,然而,学生的自由个性不是无拘无束和任意妄为,而是在法律允许的范围内通过自身素质的提高,达到"独立之思想,自由之精神"的崇高境界;自律,就是自我教育、自我调节、自我约束和自我评价,是个性发展的必要保证。学生自律性的养成关键在于确立人与人之间的平等关系,因为只有处理好人与人之间的平等关系,个人才能在平等的基础上发展自己,才能保证人与人之间的友好关系以及社会的和谐进步。

第三,营造良好的育人氛围。"人创造环境,环境也创造人",从这个角度上说,人格是文化环境的产物。良好的育人环境对大学生独立人格的形成起到重要的熏陶和感染作用。然而,受市场经济及应试教育和高等教育大众化的影响,当代中国大学重理轻文、重科技知识传授轻人文精神养成的现状依然存在。因此,从尊重和培养学生独立人格的角度出发,大学必须树立以人为本的教育理念,营造一种适合学生独立人格形成的环境氛围。首先,注重科学精神与人文精神的融合。有学者把科学精神与人文精神比作"车之两轮,鸟之两翼",两者的辩证统一是培养完整人或整全人的内在要求。所以,大学必须改革现有的教育模式,以通识教育为基础,将科学教育与人文教育有机地融入课程体系中,以培养造就知识结构完善、独立人格、高尚的全面发展的人。其次,建立良好的师生关系,营造和谐的育人氛围。在传统的"师道尊严"观念影响下,教师与学生形成了牢固的主客体关系,教师的权威和地位不容置疑,在教育中学生完全依附于教师,其独立性、自主性、创造性和批判性完全丧失,学生毫无独立人格可言。因此,尊重学生的独立人格,教师就要转变教育理念,树立学生的主体地位,因材施教、因势利导,用爱去关心、理解和尊重学生,多一些赞扬和肯定,少一些讽刺和挖苦;多一些鼓励和理解,少一些打击和质疑;多一些沟通和交流,少一些疏远和隔阂;多一些宽容和友善,少一些紧张和压抑,进而培养学生的自信和自尊,形成教学相长的、平等的、民主的、真诚的师生关系。此外,学生完美独立人格的形成也有赖于教师人格魅力的影响。所以,教师也应该注重加强自身人文精神的培养、学识水平的提高、道德品质的塑造,以自己高尚的人格魅力去渲染和教育学生。再次,加强校园文化建设,营造浓郁的人文氛围。校园文化是社会文化在校园中的表现，丰富多彩、健康向上的校园文化活动必定有助于大学生独立人格的培养和人文素质的提高。因此，加强校园文化建设，就要营造浓郁的文化氛围、积累厚重的人文传统。人文景观和校园生态环境的合理布局可以使学生精神得到陶冶；学术自由和民主管理可以弱化官本位思想和功利思想，而科学化、民主化、法制化、人性化教育可以增强人文导向，提升学生的人文素养；丰富多彩的校园化活动，比如各种艺术活动和学术活动，可以使学生在文化实践的过程中培养自我教育、自我管理、自我服务的意识和能力，使大学真正成为学生展示活力、培养能力、开拓创新的实践场所，进而起到启迪学生灵魂的隐性教育作用。

三、尊重学生的选择性

随着对外开放的不断扩大、社会主义市场经济的深入发展，我国社会经济成分、组织形式、就业方式、利益关系和分配方式的发展日益多样化，人们思想活动的独立性、选择性、多变性和差异性日益增强，进而为人文精神的形成和发展提供了客观的前提和条件。社会个体的选择性指的是社会个体的某种态度倾向性，是社会个体突出主体地位、提升主体意识、进行自我判断的一种态度。从一定意义上说，人之所以为人，就在于人是有独立自主意识的生命体，可以根据自身需要选择自己的思维方式和行为方式，可以选择自己的人生道路和发展方向。因此，具有自主选择性是人文精神的内在要求，尊重大学生的选择性，就是将成才的选择权归还大学生，让他们通过自己的价值判断和理性分析，自主选择适合自己的发展道路和行为方式。

第一，教育引导学生将个人需要与社会需要结合起来。选择性是个体具有独立人格的根本特征之一。但这里所说的选择性，不是个体以自我为中心，只考虑自我需要而不考虑社会及他人利益的选择和行为。因此，尊重大学生的选择性，就要教育引导大学生处理好个人需要与社会需要、个人利益与集体、他人利益之间的关系，帮助大学生形成健全的选择态度，既肯定个体选择的多样性和合理性，又要教育引导学生在彰显个性选择的过程中，不损害社会、集体和他人的利益，将个人需要与社会需要结合起来，为促进个人与社会的全面发展奠定内在的基础。

第二，尊重大学生对专业和课程的选择性。大学人文精神培养的途径之一便是建立宽口径、厚基础的教学体制，而这种教学体制正是国内外大学比较推崇的通识教育。按照通识教育的普遍做法，大学一年级（有的是大学一、二年级）不分文理开展通识课程，大学二年级（有的是三年级）学生根据自己的兴趣爱好选择专业。因此，通识教育的这一做法，较好地尊重了大学生对所学专业的选择性，有力地促进了大学生的人格独立和个性发展。所以，尊重大学生的选择性，开展通识教育不失为一种妙计良方。

众所周知，课程是学校教育的载体，课程数量与质量、科学性与完备性会直接影响到学生培养的层次性。当下，我国大学的课程设置几乎无一例外地采用必修课与选修课相结合的形式。必修课指的是学生所学习专业的基础课程,决定了学生学习的方向,具有一定的专业性,而选修课是指学生所感兴趣的相关课程。通过必修课的形式可以保证基础学术性科目的主体地位,为学生的升学或就业打下坚实的科学文化知识基础;而选修课从需要和可能出发,考虑到学校的师资、设备和学生来源的特点开设,既尊重大学生的个性和爱好,又能为多方面的社会需求培养适应性较强的后备人才。又由于学生选课有弹性,选修内容有弹性,学习时间有弹性,上课时数有弹性,因此这种选课制度充分体现和尊重了大学生的选择性,对其人文精神的培养十分有利。此外,大学生对课程的选择性,也反映出对教师及教学内容接受和理解的选择性。因此,教师应努力提高自己的人格魅力、提升自己的学识水平、改进自己的教学方法,以自己高尚的师者风范和高超的教学水平吸引和感染学生对课程的兴趣和爱好,进而增强学生对教学内容的理解和接受,为培养学生正确的选择性奠定基础。

第三,尊重大学生兴趣爱好的选择性。在大学生的日常生活中,除了紧张忙碌的学习生活之外,还有各种各样、多姿多彩的课余文化活动。在大学生选择这些活动的时候,可以完全不受外界因素干扰,而只根据自己的兴趣爱好来进行选择。又因为这些活动的参与不仅可以发展大学生的某一方面特长,还可以培养大学生的团结互助、奋发图强的精神,而这种精神正是大学生人文精神的重要组成部分。因此,尊重大学生兴趣爱好的选择性,使得大学生根据自己的兴趣爱好来选择学校活动,不仅充分体现了校园内的人文精神,还可以令大学生在这种轻松自由的人文环境下学习和生活,这对其人文精神的培养也是相得益彰。

第四,尊重大学生对人生目标和未来职业的选择性。社会转型时期,伴随着市场经济的深入发展和多元文化的渗透、交流,人们的思维方式、生活方式、就业方式和利益关系由一元转向多元,从而为丰富人们的选择性提供了可能。社会的进步与发展,在一定意义上拓宽了人们成才的渠道,人们可以根据个人需要和社会需要选择适合自己发展的人生道路和职业走向。因此,培育大学人文精神,树立以人为本的教育理念,要尊重大学生对自己未来人生发展的价值选择,鼓励学生按照自己的理性思维选择人生目标和未来职业。特别是在高等教育大众化情形下,面对严峻的就业形势,大学应理解学生的就业选择,不要为了盲目追求就业率而出现大学生"被就业"的现象。当然大学生在选择人生目标和未来职业时,也要根据自身的实际情况树立正确的择业观,切忌"眼高手低",不切实际地抬高自己的就业期望,要打破择业终身制观念,树立"先就业、再择业、后创业"的就业理念,抓住机会早日就业成才。

综上,尊重大学生的选择性,有利于充分尊重并照顾学生个体的差异,进而全面调动学生的积极性和主动性,发扬学生的个性,同时有利于培养各层次学生自主选择的意识和能力,有效地促进各层次学生的自由发展,为大学生人文精神的养成奠定基础。

四、开发学生的创造性

创造性是人文精神的重要组成部分,也是个体主观能动性的积极体现。开发学生的创造性,培养创新型人才是时代赋予大学的重要使命和责任。知识经济时代,随着科学技术的迅猛发展,知识和信息的创造、加工、传播以及应用成为社会经济增长和社会进步的重要源泉。而市场经济的深入发展,知识更新周期的缩短,社会职业流动性加快,又极大地提高了社会对大学人才培养的要求。因此,社会对高素质、复合型人才的需求决定了大学的人才培养必须打破以往专业教育的束缚,树立知识、能力、素质相协调的教育理念,以彰显新时代大学生的创造性思维和创造性能力。

第一,转变教育观念,培养大学生的创新精神。众所周知,教学、科研、社会服务已成为当今大学的三大功能,所以对知识的探索、发现、开拓、创新是大学的基本要求所在。然而,受传统教育理念和应试教育以及高等教育大众化的影响,我国大学重视灌输式的知识传授和继承,缺乏对大学生创新精神的培养,大学生的创造意识和创造性思维遭到抑制。因此,开发学生的创造性,大学教育理应转变传统的人才观、教育观,在人文精神的指引下,解放思想,实事求是,确立素质教育的理念,根据大学生身心发展的特点,鼓励大学生敢于批判、敢于质疑,树立创新意识,改变过去死读书、读死书的学习态度。"要从以传授知识为中心的传统观念转变到既传授知识又加强培养学生创新精神和创新能力的教育观念上来,不转变以继承为中心的教育观念,就不可能有效地实施创新教育。当然,转变传统教育观念,并不是把传统的教育全盘否定,而是通过对继承性教育进行选择、继承、改革和发展,明确教育并不仅仅是满足于使学生获得知识,而更主要的是指导学生学会获得知识、学会运用知识、学会发现问题,去发明、去创造。",此外,转变教育理念,大学还应根据自身的规律和运行机制促进学术自由,由行政管理转为学术管理,树立"专家治校"、"教授治学"的教育管理理念,只有这样,大学才能确保自由与独立,进而教育引导学生以创造性思维对真理进行不懈的追求与探索。然而,转变教育理念,培养创新精神,离不开创新型人才培养目标的设计与确立。管理始于目标,又终于目标。因此,大学创新型人才培养目标应体现知识、能力、素质等方面的协调发展,使学生具有符合时代和社会需求的创新性思维、独立思考的能力、实践创新的能力、自我发展的能力、终身学习的能力和自主创业的能力。

第二,改革教育模式,突出大学生的创新个性。科学的培养模式决定了培养目标的顺利实现。为适应社会对多样化人才的需求,大学必须改革以往统一教学内容、统一教学计划、统一培养方案的人才培养模式,注重学生的个性发展,丰富学生的知识结构,建立因材施教的多元化人才培养模式。首先,大学要树立"以学生为本"的教学理念,尊重学生的兴趣爱好,发挥学分制培养创新个性的优势,改进课程体系建设,调动学生学习的积极性、主动性、创造性,培养学生的创新精神。同时鼓励学生进行科学研究,并制定相应的政策予以支持,以最大限度地激发大学生的创造热情。其次,开展通识教育,培养学生的人文素质和形象思维,坚持通才教育、按类教学的原则,以牢基础、宽口径、重能力、求创新为教学理念,加强学科间的渗透、交叉、组合。再次,改革教学方法,培养学生的创新能力。教师要在教学实践过程中创造性地运用现代教学方法和手段,实现教学方法的创新,用"创造性的教"为学生学会"创造性的学"创造条件,使教学从单纯让学生获得知识向学会学习、学会生存、学会管理转化。

大学要克服高等教育大众化带来的教学资源紧缺的现状,坚持小班授课和师生互动机制,鼓励学生积极思考、大胆质疑、严密分析、课堂讨论,将科学研究的成果引入课堂教学;重视社会实践的教育功能,加强学生动手能力的训练,培养学生的创新思维和创新能力。最后,重视创业教育,培养学生的创业意识、创业精神和创业能力,帮助学生树立"先就业、后择业、再创业"的就业观念。自主创业也是学生具有创造性的重要体现。面对国内严峻的就业形势,大学应该加强对大学生的就业创业教育,开设就业创业课程,聘请各行各业的成功人士走进大学课堂向大学生传授创业经验,同时,大学要制定鼓励性创业政策,激发学生的创业热情。

第三,优化教育环境,培养大学生的创新人格。育人环境决定育人质量,优良的教育环境对培养大学生的创新人格具有巨大的熏陶和启迪作用。"大学不仅通过课堂和实验室教学对大学生产生影响,更多的是使大学生在大学创设的人文环境中接受潜移默化的文化影响,并在其间成长成熟。大学人文环境的品位,极大地影响到大学所造就的人的品位。人文环境是一种其他不可替代的教育影响和教育力量,是一种不教之教的隐性课程"。因此,开发学生的创造性,大学必须营造一种坚持真理、崇尚科学的人文环境,自觉抵制外部社会不良风气的浸染,坚守大学的学术属性,使学生在大学的校园里安于学习、善于创造,进而为人类、为国家、为社会做出应有的贡献。此外,大学生创新人格的养成离不开尊重知识、尊重人才、尊重创造的文化环境。因为只有这样的宽松氛围,大学才更能包容和鼓励学生大胆质疑、勇于批判,才能减少对创新人格培养的障碍,从而使学生在自由的学术环境中敢于挑战权威,激发自己的创造性思维和丰富的想象力。再次,优秀的教育环境离不开优秀的师资队伍。"大学者……有大师之谓也"在一定意义上说,"教育的成功取决于教师,教育的不成功也取决于教师",因此,高素质、高水平的师资队伍是培养创新型人才的关键所在。大学必须把建设高水平的师资科研队伍作为一项重要任务,鼓励和扶持教师创新发展、严谨治学,并创造各种有利条件提高师资队伍的水平和素质,进而形成优良的教风与学风,为培养学生的创新人格营造浓郁的学术氛围。大学还要发扬教学民主,使教师对学生民主宽容,引导学生同中求异、异中求新、新中求优,特别是当一些创造型的学生在个性、行为和学习上都具有许多与众不同的表现时,要鼓励他们超过老师,敢于向权威挑战,消除学生对学校和教学的恐惧,给学生充分选择的权利。

第二节　完善大学教育教学管理体制

我国自 1952 年进行全国范围内的"院系调整"以来,大学实行的是专门教育,培养的是专业技术人才,科学与人文遭到人为的分割。时至今日,我国大学的教育教学管理体制较以前已有了不少改进,但总体上本科教育仍以专业人才培养模式为主,而非通才式的培养模式,进而造成专业口径过窄、课程脱离实际、学生人文素养薄弱的现实问题。这个现实问题的产生当然与大学教育过于功利、过于实用有直接的关系，但有时也不得不反思：随着科学技术的迅猛发展和知识经济、信息时代的到来，越是强调实用性教育教学，所培养的学生越没有实用性。德国伟大的哲学家费希特认为，教育首先是培养人，不是首先着眼于实用性，不是首先去传授知识与技术，而是要去唤醒学生学习的力量，培养他们自我学习的主动性、归纳力、理解力，以便他们在无法预料的未来局势中做出有意义的自我选择。德国教育之父洪堡也认为："科学首先有它的自我目的，至于它的实用性，其重要意义那也仅仅只是第二位的。当然，对真理进行的这种目标自由式的探求，恰恰能导致可能是最重要的实用性知识，并能服务于社会。"所以从大学人文精神培养的角度看，完善大学教育、教学管理体制，专业知识教育固然重要，但无论什么专业教育都离不开人文的培养和性情的陶冶。

一、完善人才培养模式

当今社会对高素质、复合型人才的需求，决定了大学人才培养模式必须与知识、能力、素质相协调，具有创新发展能力的人的培养，以克服知识面狭窄、人文素质欠缺、创新能力和社会适应能力不足的弊端。"宽口径、大门类"人才培养模式是新的历史时期加强大学人文精神培养的重要有效途径，当代大学应大力推进"宽口径、大门类"人才培养模式的构建和改革，为大学人文精神培养奠定坚实的基础。

大学教育在一定程度上归结为"培养什么人"（即：培养目标）和"怎么培养人"（即：培养的方式和途径）两方面问题，而两者的综合又构成了人才培养模式的问题。所谓人才培养模式，是指在现代大学教育人才培养理念指导下建立起来的，比较稳定的人才培养活动结构框架和活动程序，是由培养目标、培养方式、培养途径、培养方案等部分组成的人才培养活动的完整体系。"宽口径、大门类"人才培养模式，是建立在以一级学科门类为基础，打破专业之间的壁垒，构建"通识教育课程、专业基础课程、专业课程和专业实践课程"组成的课程体系，并以此为基础开展人才培养活动的新型人才培养模式。

完善"宽口径、大门类"人才培养模式要从人才培养的体系建设、途径优化入手，选择科学途径和方法，优化组合影响人才培养的各个方面的要素，推进人才培养组织管理体制改革和创新，提高人才培养和教学工作的组织程度和管理水平，着眼于从体系和整体的角度，进行"宽口径、大门类"人才培养模式的改革和完善。形成并逐步完善以学生为根本、以教师为主导、以教学工作为主渠道的全员参与、全方位育人、促进全体学生全面发展的人才培养体系。所以，完善"宽口径、大门类"人才培养模式，必须从以下几方面入手：

第一，要理顺五种关系，即大学通过建立通识教育基础上的宽口径的专业教育，理顺通识教育与专业教育之间的关系；结合专业特点，强调在科学教育的过程中挖掘人文精神，理顺人文教育与科学教育的关系；通过增加实践教学时间和环节，实行产学研结合的培养模式、实践创新人才培养模式等，理顺理论教学与实践教学的关系；通过进一步完善注册学分制，开展各种形式的课外活动等，理顺统一性与个性化培养的关系；通过加强第二课堂和第三课堂活动实践，一方面鼓励学生自主学习，另一方面支持学生开展社会、科技、文化实践，丰富社团活动等，协调第一课堂与第二课堂、第三课堂的关系。

第二，要强化教学资源建设、师资队伍建设和制度建设三方面建设。教学资源建设是基础，在教学资源建设当中，着重强调优势专业、品牌专业、课程、教材、实验室、网上教学资源等方面的建设，为人才培养提供基础和保障。师资队伍建设是关键，师资队伍建设有三个立足点，一是加强培养和引进，建设一支兼具人格魅力和学识魅力的教师队伍；二是建立制度并加强师德建设，要求并鼓励高水平教师承担本科教学任务；三是通过教改立项鼓励教师积极参与教育教学改革。制度建设是保障，根据教育教学改革要求，进一步建立和完善注册学分制，教学团队制，青年教师培训机制，教师教学质量考评制度和教学考核一票否决制度等，建立保障教育教学改革顺利进行的长效机制。

第三，要完善人才培养方案。人才培养方案是大学组织教育教学、确定和实现人才培养目标的主要依据，对稳定教学秩序、提高教学质量起到十分重要的作用。"宽口径、大门类"本科生教育的培养目标，是培养具有创新精神和实践能力的应用型人才，使学生具有深厚的人文素养、广博的科学知识、扎实的专业技能、高度的社会责任心、健全的人格与过硬的社会竞争力，促进德、智、体、美等全面发展。人才培养方案的制定要为实现人才培养目标服务。因此，制定"宽口径、大门类"人才培养方案，首先，要坚持使学生在德、智、体、美等方面全面发展，以智慧、知识、素质、能力、人格协调发展的基础，重视包括文化素养、专业素质、科学精神、道德品质、身心素质等在内的素质教育，重视培养学生的创新能力和实践能力；其次，坚持"拓宽基础、淡化专业、强化能力、注重创新、加强素质教育"的原则，加强通识教育，拓宽学科基础，凝练专业课程，培养方案及教学计划的制定要为建沟通识教育基础上的"宽口径、大门类"专业教育培养模式服务；再次，坚持以学生为主体、教师为主导的教育思想。培养方案的制定要体现理论教学、实践教学和科学研究相结合的教学模式，努力实现从以教师为中心向以学生为中心的转变，实现专才向通才、教学向教育、传授向学习的转变，强调学生学会运用知识能力、创新思维能力与实践能力的培养思想；最后，坚持知识的系统性、教学内容的科学性与先进性、各类学科知识体系之间以及内在的逻辑性、教学方式方法的适应性与高效性相结合的原则制定教学进程计划。

第四，改革课程体系建设。课程体系是人才培养模式的核心。因此，必须对课程系统进行全面整合与优化。要坚持"厚基础、宽领域、高能力、显个性、强适应性"的课程建设总原则，根据培养目标整合课程设置，构建科学合理的课程体系。

二、发挥哲学社会科学课程及其他课程的人文教育功能

党和国家历来重视哲学社会科学的建设和发展。在改革开放和社会主义现代化建设过程中，哲学社会科学与自然科学同样重要，培养高水平的哲学社会科学家与培养高水平的自然科学家同样重要，提高全民族的哲学社会科学素质与提高全民族的自然科学素质同样重

要,任用好哲学社会科学人才并充分发挥他们的作用与任用好自然科学人才并充分发挥他们的作用同样重要。2004 年,在《中共中央关于进一步繁荣发展哲学社会科学的意见》中,明确了繁荣发展哲学社会科学的目的、意义、指导方针、措施和体制机制,为大学哲学社会科学的发展指明了方向。确切说,大学哲学社会科学中的绝大部分课程都具有意识形态的导向,因此,这些课程对于帮助大学生树立正确的人生观、世界观、价值观,坚定其正确的政治方向,使其科学对待各种社会复杂现象,以及提高自身的思想道德修养和精神境界具有十分重要的作用。因此,繁荣大学哲学社会科学课程,发挥哲学社会科学的人文教育功能显得尤为重要。

第一,充分发挥哲学社会科学课程的教书育人功能。哲学社会科学是人们认识世界、改造世界的工具,也是人文精神重要的理论基础。其中,马克思主义哲学能使大学生以清醒的头脑思考当下资本主义全球化所发生的事件和出现的问题,如国际金融危机、富士康连跳门、网络红人等事件。马克思主义所提出的"每个人的自由全面发展是一切人的自由全面发展的前提",指明了大学教育的最终目的是培养每个人自由全面发展的能力,并使其成为真正有个性的人,而人文精神是其中的一项重要指标。此外,我国传统儒学思想中的"忠恕之道"、"克己复礼"等经典思想也有利于人文育人。"仁"作为克己的自我约束,是指人对自己的道德意识的自觉和自立。其中最为重要的是"仁者爱人",故有所谓"老吾老以及人之老,幼吾幼以及人之幼"的道德旨归。这种以"仁"为标榜的道德自立和对道德行为有意识的反省和主张,对于当下实施人文育人也具有巨大和深远的意义。"大学生应该学哲学,尤其多读一些马克思主义的经典原著,用辩证唯物主义和历史唯物主义来指导自己。真正深刻的理论有着无穷的魅力,是能够吸引学生的,而且哲学是智慧的源泉,只有引导学生把思考提升到哲学的高度,才能具备批判的精神,对那些最根本、最重要的'原问题'进行反思,从而有所创见。"因此,哲学社会科学,特别是马克思主义经典文本对于提升我国大学生思考能力,培养他们的人文精神具有重要作用。

首先,要加强学科建设,充分发挥文史哲等传统课程,对加强大学生爱国主义教育,塑造大学生民族精神,提高大学生人文素养的基础性作用。当前,大学要提高对哲学社会科学学科特殊的人文教育价值,要加大对哲学社会科学课程的支持力度,丰富学科门类、增加授课时间,改进授课内容,加大对哲学社会科学课程的经费、设备、图书资料的投入力度和政策倾斜,坚持理论与实践相结合,使哲学社会课程具有较强的学科优势和鲜明的时代气息。陈至立提出:"高等学校要高度重视对中华民族优秀传统文化的研究,使之历久弥新,薪火相传;要研究、发掘传统文化中丰富思想智慧、高尚道德情操,结合对现实问题的思考,使之发扬光大。传统文化典籍由于年代久远,文字深奥,需要哲学社会科学工作者以学生喜闻乐见的方式表达出来,满足广大学生和人民群众的精神需求,发挥优秀传统文化的人文育人作用。"其次,应该加强思想政治理论课的主渠道作用。思想政治理论课是哲学社会科学课程的重要组成部分,也是新的历史时期培养大学生人文精神的重要途径,是帮助学生坚定正确的政治方向,陶冶情操,使学生正确认识人与自然、人与社会、人与人及人与自身之间关系的最佳途径。为此，大学思想政治理论课要以人的全面发展为目标，使个人发展与社会发展相统一，切实提高思想政治理论课的人文教育功能。"要高度重视、认真组织好思想政治理论课教学工作，通过课堂教学、社会实践等多种环节，提高教学效果，把教学内容转化为学生的自觉认识。"最后，广大哲学社会科学教师要加强自身的理论学习和提升科研能力，改善教学方式方法，坚持用科学理论武装学生，以先进文化培育学生的正确思想观念，并以严谨求实的治学态度、渊博的学识涵养、高尚的情操格调教育和渲染学生，从而使学生坚定中国特色社会主义的共同理想，坚定对党和政府的信任，并对改革开放和社会主义现代化建设充满信心。

第二，充分发挥其他课程的人文教育功能。人文精神是大学的灵魂，任何课程都有培育人文精神的使命与责任。因此，大学应该将人文精神贯穿到所有课程体系之中，实现科学精神与人文精神的有机融合。首先，"大学教育的根本目的，是培养人格完善的科学人才，它包含两个不可或缺的部分：一是学生的精神层面，包括人格修养、精神境界、文化自觉、社会责任等等；二是学生的专业技能，是学生改造社会、造福人类的手段。文化素质课虽有完善学生知识结构的任务，但落脚点却是在提升学生的精神境界上。这是专业课所不能替代，或者说不能完全替代的。"其次，在专业课程教育中，要将每门课程的历史传统、社会价值、伦理道德融入教学过程当中，使学生不仅学到专业知识，而且能切身感受到人文精神的启迪和熏陶。再次，广大教师要牢固树立既"教书"又"育人"的教育理念，将人文精神渗透到专业知识当中，促进文理交融，使学生具有大思路和大智慧，又要让学生懂得人生意义和社会价值。最后，要改变现有的课堂教学模式，将灌输式课堂教学转变为启发式教学、讨论式教学，并且使学生养成良好的阅读习惯。"没有阅读永远不可能有真正的教育，而一所学校最主要的任务就是要培养学生阅读的习惯，让阅读成为每位学生的生活方式。如果没有阅读，课堂教育的改革不可能真正地进入大学，人文精神的普及也很难真正落实下去。"

三、发挥思想政治教育的人文教育功能

思想政治教育是人类社会客观存在的普遍运动活动，是"社会或社会群体用一定的思想观念、政治观点、道德规范，对其成员施加有目的、有计划、有组织的影响，使他们形成符合一定社会所要求的思想品德的社会实践活动"。思想政治教育具有政治性和意识形态性。

第一，思想政治教育与人文教育的关系。首先，思想政治教育与人文教育作为科学知识教育的对立面，同属于思想意识领域范畴。思想政治教育与人文教育都以人为出发点，强调尊重人、理解人、关心人、鼓励人的创新发展，重视人的道德素质和精神培育。马克思主义关于人的全面发展理论是思想政治教育的理论基础，而人文精神是人的全面发展的本质诉求。思想政治教育与人文教育同属意识形态范畴。"人文精神的意识形态性无可回避……人文精神作为特定的思想观念、价值准则和道德规范的综合，是一个意识形态问题，讨论理应在意识形态层面上展开。"，而意识形态性又是思想政治教育的本质属性，决定了思想政治教育的性质和方向。由此可见，思想政治教育与人文教育目的的一致性、方向的相似性以及知识

点的重合为二者融合提供了可能。而且思想政治教育与人文教育的融合是当代大学教育发展的客观要求,也是当代大学生思想政治教育的有效途径,有益于教育实效性的发挥。

其次,人文教育是思想政治教育的基础。人文教育关系到一个人涵养的深浅,关系到一个人品格的高低,关系到一个人思维的智愚,关系到一个人事业的成败。一般情况下会有这样的体会:听一场好的人文教育报告,就好像是对心灵的一次净化和洗涤,人的思想、道德、情操就是在这一次次的净化和洗涤中得到升华。杨叔子院士曾经说过,一个人的思想素质,一个人的品质,分三个层次,最基础的是人格,其次是遵纪守法,第三是政治方向。既然人的思想素质分三个层次,相应的思想政治教育也应该分为三个层次,人格培养属人文教育范畴,遵纪守法讲的是法制教育,而政治方向规定的是理想、信仰和政治方向教育。在第一层次人文教育缺失或不太重视的状态下,对第三层次理想、信仰和政治方向教育非比寻常的重视和突出,这种思想政治教育的错位现象会给思想政治教育工作带来灾难性的后果。所以,重视和恢复人文教育的基础性地位,是思想政治教育的重中之重。人文教育"主要是引导学生有选择地汲取优秀文化成果,从而为自己在政治思想方向的选择和价值取向上打下文化基础和审美基础。从学科角度看,人文素质教育可以概括为人文社会科学和艺术教育两大类,而在人文社会科学中又以文、史、哲为主。我们不能要求人文课程与活动直接解决政治方向和思想上的具体问题使之收到'立竿见影'之效,但可以帮助学生打下文化和审美根基,再经过比较系统的马克思主义理论和思想品德课程教学及德育实践活动,使爱国主义、集体主义、社会主义成为他们自然的选择。这种教育往往带有寓教于美、寓教于乐的特点,可得到潜移默化之效,所以易于为学生接受,而且一旦形成便比较稳定,它可以成为一般思想政治教育的补充,往往能收到一般思想政治教育难以收到的效果。",所以,在大学大力开展人文教育,有助于培养大学生的爱国精神和民族骨气,有助于培养和提高教师的师德水平和人格魅力,有助于形成学校和谐的人际关系和浓郁的文化氛围。

第二,发挥思想政治教育人文教育功能的现实途径首先,充分发挥大学思想政治理论课在思想政治教育领域的人文教育功能。客观地说,思想政治理论课体现了社会主义大学的本质要求,是帮助大学生树立正确的世界观、人生观和价值观的基本途径。但大学思想政治理论课不仅是大学生进行思想政治教育的主阵地和主渠道,也是大学人文教育的重要途径,其人文教育功能主要体现在帮助大学生实现全面发展、塑造精神家园、完善理想结构、培养责任感、提高理性思维能力等方面。因此,提高思想政治教育的人文教育功能,就要努力推动邓小平理论和"三个代表"重要思想进教材、进课堂、进大学生头脑,并联系改革开放和社会主义现代化建设的实际,以当代马克思主义最新理论成果为基础,全面加强思想政治理论课的学科建设、课程建设、教材建设和教师队伍建设。此外,要积极联系大学生的思想实际,努力改革教学内容,改进教学方法,改善教学手段和评价体系,真正把理论武装与实践育人结合起来,把系统教学与专题教育结合起来,把传授知识与思想教育结合起来,切实发挥思想政治教育的人文育人功能。

其次,弘扬民族文化,强化民族意识,增强民族自尊心和自信心。"中华文明源远流长,博大精深，在世界文明史上有着重要影响。要通过多方面工作，强化大学生的民族意识，了解民族之根和民族之魂，弘扬民族精神，能够自觉继承本民族优良历史文化传统。这样的人不论走到哪里，心中都有祖国，都会因为有祖国做强大后盾而充满战胜困难的勇气和信心。科学没有国界，但科学家有祖国。人文精神在当代社会首先表现为民族精神，人文精神的欠缺必然导致民族精神的淡出。"所以，在对大学生进行思想政治教育的过程中，要积极引导学生学习中华民族的历史文化和伦理道德，使其更好地了解国情和人文传统。

再次，对大学生进行人文关怀，使他们切身感受到集体的温暖和学校对他们的关怀，同时感受到在人与人交往、合作过程中的友善意义。在社会转型时期，人文关怀是人的情感需要，也是思想政治教育的着力点。人文关怀"关注的是人的本质、人的价值、人生理想和人生意义，解决人的精神世界的问题，为人们构建一个轻松和谐的世界，营造一个精神家园，使人们不再迷茫失落，让人的心灵能够得到安顿，人文精神被重新焕发，思想政治教育也才能够重新焕发生机和活力，为社会发展提供强有力的思想保证。而人文关怀贯彻到高校思想政治教育中，就是以大学生发展为本，走向主体、个性化发展的教育，就是让大学生的生命自由成长，让学校成为学生的精神家园。"因此，对大学生进行人文关怀，最好的途径就是开展关怀教育。

所谓"关怀教育"，就是从关怀出发，引导大学生学会关怀，使思想政治教育真正达到促进大学生和谐发展的目的。从教育者来说，就是要充分发挥关怀的特殊功能，让受教育者真正感受到思想政治品格是他们的个体需要；感受到思想政治的人格魅力是在社会的立足之本，以一种"关怀学生"、"给予学生"的方式，而不只是纯粹"要求学生"的方式，使大学生自觉自愿地接受思想政治教育。从受教育者来说，打开他们接受思想政治教育这扇心灵大门的驱动力是对他们的关怀。关怀教育的底线要求是使教育者去实现关怀。无论是主体性精神的实现还是人格的全面发展，作为思想政治教育实效性的基本要点是受教育者是否实现关怀。实施关怀教育要创建关怀共同体，使大学生在关怀的人际互动中习惯于关怀，要学会关怀，要实现人人是关怀者，也是被关怀者，要发现、感受、体验、欣赏关怀所带给人的美好，用关怀的情感营造和谐的校园氛围。

面对社会环境、家庭环境和大学生个体成长过程中遇到的复杂问题，当代大学生所承载的压力，特别是竞争压力、学习压力、经济压力、就业压力、情感压力等普遍加大，因此开展关怀教育，就要把单纯的学生管理模式变为服务育人的管理模式。确立以学生为本的理念，坚持服务育人、关怀育人的工作原则，深入开展思想关怀、道德关怀、学习关怀、生活关怀、情感关怀、志趣关怀、生涯关怀、发展关怀等。例如，实施思想关怀，就要从学生的心灵入手，学校可设立大学生关怀发展中心，各院（系）可设立大学生关怀室，由各院（系）辅导员及班级导师负责具体关怀指导工作。辅导员老师和班级导师定期与不同类型的学生谈心，及时了解他们的生活、学习情况，以便更好地掌握他们的思想动态，在师生之间建立起心灵上的沟通。比如可以通过"1+10"（一个教师负责10个学生）师生谈心活动，建立后进生转化工作的长效机制，使关怀教育理论的阳光既照耀好学生，也能关照后进生。也可以印发《关怀日志》，辅导员、班导师把对学生开展的具体关怀工作记录下来,总结积累,用以交流学习。此外,重视大学生的心理健康教育,成立大学生健康教育教研室,开设大学生健康教育课;成立大学生心理健康教育中心,面向全体学生开展心理咨询工作,并建立学生心理档案;利用"5·25"心理健康日举办心理文化宣传节,开办心理健康讲座、心理电影赏析、心理沙龙、现场心理咨询等活动。另外,从关怀大学生日益增长的精神文化需要入手,利用形式多样的宣传载体,通过各种各样的途径,认真组织丰富多彩的校园文化活动。通过开展这些活动,使大学生学会如何保持对己、对人、对社会及人生的道德理念,平衡和谐调整情、理、行。总之,对大学生开展关怀教育,能更好地体现思想政治教育的人文关怀,更好地体现大学生的主体性价值,更加注重受教育者思想品德发展的现实性和递进性,更有利于促进受教育者良好行为习惯的养成,从而提升思想政治教育的人文教育功能。

最后,丰富思想政治教育载体、渠道,广泛开展全员育人工作,深入挖掘人文教育资源。思想政治教育载体是在开展思想政治教育的过程中承载一定教育因素的工具性事物,是为了实现教育目的而被利用和创造的、承载和传输社会要求的政治、思想、品德及价值规范的事物。由此可见,思想政治教育的载体具有人文教育职能,丰富思想政治教育的载体、渠道,如党团活动、校园文化活动、社会实践活动、辅导员家访活动、社会各界先进模范进大学校园活动、红色之旅、网络建团、开办红色网站及思政博客等,可以将社会要求的政治观点、价值观念、道德规范及人文关怀更好地传递给大学生,从而帮助大学生树立正确的世界观、人生观、价值观、道德观和责任观。此外,提高思想政治教育的人文教育功能,广泛开展全员育人工作不失为一条有效捷径。"广大教职员工都负有对大学生进行思想政治教育的重要责任……形成教书育人、管理育人、服务育人的良好氛围和工作格局。教师要提高师德和业务水平,爱岗敬业,教书育人,为人师表,以良好的思想政治素质和道德风范影响和教育学生。学校管理工作要体现育人导向,把严格日常管理与引导大学生遵纪守法、养成良好行为习惯结合起来。后勤服务人员要努力搞好后勤保障,为大学生办实事办好事,使大学生在优质服务中受到感染和教育。"为此,开展综合导师制、机关处(室)与院(系)结对子、党员与有违纪行为的学生结对子、成立学生公寓党工委等教育机制可以全方位、多角度地体现思想政治教育的人文关怀,从而在贴近实际、贴近生活,贴近学生的育人工作中,更好地体贴学生、尊重学生,彰显学生的主体地位。

四、发挥社会实践的人文教育功能

众所周知,人文精神的培养不仅是人文知识的简单灌输和累积过程,而是需要以人文知识为基础,将人文知识内化为自身素质,并通过实践、体验和感悟,彰显的一种属于人的精神活动。也就是说,实践是人文精神得以形成的必要途径。按照马克思主义的哲学观点,实践是认识的来源,是人们有目的、有意识、能动地改造客观物质世界的社会性和历史性活动。大学生社会实践,"是指按照高等教育目标的要求,针对在校大学生进行的有组织、有计划、有目的的深入实际,深入社会,充分发挥大学生的主体作用,参与具体生产与社会生活,了解社会、增长知识,主要依靠社会力量完成的一种贯彻教育方针,全面推进素质能力的教育活动。"社会实践是大学课堂教育的补充和延伸,"是大学生思想政治教育的重要环节,对于促进大学生了解社会、了解国情,增长才干、奉献社会,锻炼毅力、培养品格,增强社会责任感具有不可替代的作用。"所以,社会实践具有较强的人文教育功能,可以使大学生激发出在书本中和课堂上体验不到的人文情感。同样,大学人文精神的培养也离不开社会实践,只有通过社会实践才能使大学生真切地感受到人文知识的内涵意蕴,进而丰富人文情感,达到知、情、意、行的和谐统一。

第一,深化教育改革,完善培养目标,加强社会实践的人文教育功能。人才培养、科学研究和社会服务是现代大学教育的基本功能。社会实践是大学教育的重要组成部分,体现了专业教育的要求。"在知识经济和市场经济快速发展的今天,教学与实践特别是社会实践的完美结合能更为直接有效地促成直至保障教育功利性和目的性的统一,能真正地使教育清晰地显现人本的烙印而不仅仅贴着人本的标签。"所以,大学的人才培养目标和人才培养方案要体现出社会对人才素质的根本要求。但是,"由于社会需求的可变性与学校教育的相对稳定性、社会对人才需要的多样性与学校培养人才规格的相对统一性之间的矛盾,学校教育与社会对人才素质的要求之间总是存在着差距。"因此,深化教育改革、完善培养目标、提高社会实践的人文教育功能,可以最大限度地缩短这种客观存在的现实差距。大学要明确社会实践的教育地位,把社会实践纳入到学校教育教学总体规划当中,积极探索和建立社会实践与专业学习、服务社会、勤工助学、择业就业、创新创业相结合的管理体制,使大学生在社会实践活动中受教育、长才干、做贡献,进而达到增强社会实践的人文教育效果。

第二,在社会实践中凸显大学生的主体地位。突出主体地位是树立以人为本理念,彰显人文精神的本质所在。在社会实践中凸显大学生的主体地位,是发挥社会实践人文教育功能的重要内容。社会实践不仅起到改造客观物质世界的作用,而且也发挥着促进实践主体自身变化的功能。大学开展社会实践要克服"轻人生体验重实际工作,轻长远发展重任务完成"的弊端,要在社会实践中充分尊重学生的主体地位和主体意识,真正把学生作为实践的主体,通过社会实践提高学生自我教育的主动性、积极性和创造性。为此,在具体的社会实践工作中,从实践方案的制定,到实践工作的组织、实施,再到实践结果的总结,大学生要积极发挥主观能动性,根据自身的专业知识、能力素质和兴趣爱好,在社会大课堂中充分展示自己各方面的才华,以此培养独立人格和自主精神。此外,在社会实践的过程中,要努力净化和升华学生的精神世界,提升学生的人文素养。面对陌生领域要教育引导学生主动发现问题、分析问题和解决问题,以此培养学生独立思维和创新实践的能力,并让这种创造性的思维在平等的环境中得以培植。

第三,在社会实践中提升大学生的社会责任感。社会责任感是人文精神的一种内涵要义,体现了人们在处理人与自然、人与社会、人与他人关系中所持的价值观点和行为规范。有学者认为,社会责任感"是个人对自己所应履行的各种义务及应承担的社会责任的自我意识，是对社会责任的一种觉悟。它是一种自律意识，是个人对自身行为的约束，同时也是对自身发展所提出的要求。"获得社会责任感的基本途径是社会实践。当前部分大学生存在的社会责任感缺乏和知行不一、知行脱节的行为，很大程度上是由于大学开展社会实践活动过于注重认知教育和理论教育，却忽视了大学生在社会实践过程中的情感体验。所以，发挥社会实践的人文教育功能，提升大学生的社会责任感，要特别注重挖掘社会实践的人文意蕴和责任价值。大学生要在"文化、科技、卫生三下乡"、"大西北计划"、"辽西北计划"等众多志愿者服务活动中，主动深入社会、了解国情民意，正确处理人与社会的关系；主动承担社会责任，贡献自己的力量，并在实践中体现出公民的价值与责任。

第四，在社会实践中改造大学生的世界观、人生观、价值观。面对复杂的国际国内环境，"一些大学生不同程度地存在政治信仰迷茫、理想信念模糊、价值取向扭曲、诚信意识淡薄、社会责任感缺乏、艰苦奋斗精神淡化、团结协作观念较差、心理素质欠佳等问题。"在这种形势下，除了进一步加强和促进大学生思想政治教育外，还要大学生通过主体自身的社会实践活动进行自我教育、自我管理和自我服务，并形成崇高的理想和正确的价值观。社会是大学生成长成才的大熔炉，大学生只有在社会实践中，才能正确处理理想与现实、理论与实际之间的矛盾，并自觉地把主观世界的改造同对客观世界的改造有机结合起来，在报效祖国、服务社会、奉献人民中改造自己的世界观、人生观和价值观，进而促进自身素质的全面提高。

第三节　注重教育者人文精神的培养

教育的本质是一个人文的过程，人文精神的培养是大学教育的核心，是大学的灵魂所在。大学教育的主体是人，是教育者与受教育者的有机统一，离开任一要素大学都不可以称其为大学。曾担任过哈佛大学校长的科南特认为："大学的荣誉不在它的校舍和人数，而在它的一代代教师的质量。"法国教育社会学家埃米尔·涂尔干也曾说过，"教育的成功取决于教师，然而教育的不成功也取决于教师。"因此，教育者的素质不仅代表着大学的核心竞争力，同时也是大学人文精神培养的关键所在。所以大学人文精神的培养要以提升教育者人文精神为前提。

一、教育者要做社会的良知

所谓良知，是人本身所具有的建立在内在道德情感之上的辨别是非、善恶的一种能力，这种能力实际上也是体现人的主体价值、深化人类自我意识的价值主张和行为规范，说到底，良知是人文精神的重要体现。人本主义者艾里克·弗洛姆认为："良知判定我们作为人而应尽的职责；它是对自己的认识，是对我们各自在生活艺术中成功或失败的认识。良知虽是一种认识，但其范围却并不仅仅涉及抽象思维领域中的认识。它具有一种感情的性质，因为它是对我们整个人格的反应，而不仅仅是对我们精神的反应。"在中国传统哲学中，最早提出"良知"二字的是孟子，他说："人之所以不学而能者，其良能也；所不虑而知者，其良知也。"孟子所说的"良知"，实际上指的就是人的本心和人的道德自觉，归结起来就是"恻隐之心"、"羞恶之心"、"辞让之心"和"是非之心"。明代大儒王守仁也认为，良知就是"是非之心"、"好恶之心"，是人的一种自律情结。"如果说，良知是社会价值、社会道德的'内化'，是自律；那么，社会良知就是它的'外化'，是一种普遍道德。"由此，社会良知指的是一种理想人格，是人们为适应外在社会道德规范而进行的自我认识、自我评价的标准，是责任感和使命感的统一，代表着社会发展的方向。

教育者（本节指大学的教育者），是教育活动的实践主体，是对受教育者进行"传道、授业、解惑"并对受教育者的素质发展起重要影响的知识分子。西方普遍认为，知识分子因为具有受过良好的教育和爱批判现状的特点，所以是社会的良知和脊梁。按照这一理念，余英时先生认为，"知识分子是社会的良心，是人类的基本价值（如理性、自由、公平等）的维护者，他们一方面根据这些基本价值来批判社会上一切不合理的现象，另一方面则努力推动这些价值的充分实现。"当然，知识分子从其工作的领域和特点来看不一定就是教育者，但教育者一定就是知识分子。所以，教育者是社会的良知，承担着一定的社会责任。从历史地看，无论是中国古代知识分子或者说教育者，还是现代的教育者，都有一种强烈的社会责任感和使命感，都是社会良知的体现者。大教育家孔子说："士不可以不弘毅，任重而道远。仁以为己任，不亦重乎？死而后已，不亦远乎？"这里的"道"，指的就是道义和社会良知，而"仁"则是社会良知的核心。"传统知识分子的社会良知，使他们永远具有对现存秩序的批判精神与热情，而对人文价值的关注是知识分子社会良知的基础。基于道德关怀和社会良知，传统知识分子总是特别关注社会现实，比常人更有社会敏感性。道德关怀、社会良知和社会敏感性使传统知识分子能保持思想的独立性和批判性，而这是一个好的社会所必不可少的。"而李大钊先生的名联"铁肩担道义，妙手著文章"，则生动地体现了现代教育者为了民族大义而彰显的伟大的社会良知。

其实，教育者承担社会良知不仅是使命与责任使然，更是现代大学的职责所在。众所周知，大学作为高等教育最主要的组织机构，除了承担传承文明、发展知识、构建人类美好精神家园的使命与责任外，还肩负着社会良知的职责与任务。牛津大学校长鲁卡斯曾经说过："大学不可能与社会分离，当然大学的作用之一就是用良知批判社会。大学总是把自主与诚实看成批判社会的最基本要素。"而要实现这一作用，大学必须唤醒教育者的良知。这里的良知，就是教育者要努力成为人类理性的代表，面对社会上的各种思潮要始终坚守追求真理、维护社会正义的精神，不被世俗社会所左右，勇敢地承担起自己应有的道德责任，并通过自己的先进理念去影响学生，使他们成为未来社会的价值承载者。

然而，在社会转型时期，由于受多元文化和社会不良风气等多种因素的影响，一些大学教育者的思维方式、价值标准、心理状态和道德观念发生了新的变化。如前所述，教育者缺乏社会责任感，不能给予学生正确的人文关怀；片面追求享受，缺少奉献精神和道德修养，在社会上造成不良影响；只教书不育人，不能给予学生良好的心灵启迪。学术目的功力、学术行为浮躁，缺乏求真务实精神；学术行为不端，缺乏学术诚信；不能承担社会正义，缺乏同丑恶现象做斗争的勇气。凡此种种，都预示着培养大学人文精神，教育者必须要做社会的良知。

第一，教育者要不断强化社会责任意识。当今时代，经济的发展、政治的文明、社会的进步以及人的发展越来越依靠教育。教育者作为教育实践的主体，其社会作用越来越大，社会地位也越来越高。因此，教育者要不断强化自己的社会责任意识，关注公平与正义、激发社会发展的活力，为社会进步和群众福祉起到精神引领和价值澄清的作用；要"以追求社会效益最大化为基础进行知识的创造和传承，在推动科学技术和经济发展的过程中，引领社会主义精神家园的建设，为人民群众生活得更美好做贡献，为社会的健康发展做贡献……在崇高与污浊、高雅与庸俗的斗争中，应具有作为时代智慧和社会良知代表的勇气和品格。"

第二，教育者要引领社会文明，追求精神独立。一方面，作为知识分子的一员，引领社会文明是教育者的基本职责所在。教育者所拥有的专业科学文化知识及人文情怀会对学生产生深刻的影响，使学生的知识结构、人格修养、道德情操不断完善，学生走向社会后，会通过教育者的价值理念影响社会，所以，教育者对社会文化有较强的塑造功能。另一方面，真正的教育者往往执着于对真理的不懈追求，具有独立的精神和学术品行。"如果教师不能进行独立的反思和批判，保持自己的立场，而盲从于习俗、迷信于权威，那么可想而知会塑造出什么样的人类灵魂？"因此，教育者要以超世脱俗的精神状态，远离功名利禄的诱惑，不迷信权威，具有独立的批判意识，唯有如此教育者才能成为社会良知的守护者。

第三，教育者要代表社会良知，积极参与社会批判。教育者作为知识分子，由于具有丰富的知识、特殊的精神气质和较强的价值判断能力，社会对其寄予了很高的期望。所以，教育者要代表社会良知，成为社会的代言人，为社会的发展提供理论、精神和道义的支持，并以高瞻远瞩的思想态度帮助人们确定生活的理想。在西方，"知识分子"产生的原初意义中含有"勇于社会批判"的意思；在我国古代，属于士阶层的教育者也有"天下兴亡，匹夫有责"的社会情结。因此，参与社会批判是教育者应有的职责所在。教育者要以其高尚的思想价值体系作为理性批判的武器，面对社会上一些丑陋、腐败的现象，敢于为公平正义和社会和谐而献身。综上，教育者不能没有社会良知，不能没有人文精神。正是由于教育者的道德精神和批判意识，才使其成为"社会领袖"，在社会生活中，才能为人类的幸福和社会的发展去努力，并能引导着社会向更好的发向发展。

二、教育者要具备独立的批判意识

批判，是指"深刻而全面的分析、评价与断定"，是人类在认识真理的社会实践活动中必不可少的手段,也是人类促进自身发展、彰显个体自我存在和意义的一种生存方式。有学者认为,"批判并不意味着谴责或抱怨某种现象或方法,也不意味着单纯的否定和驳斥。它指某种理智的、最终注重实效的努力,即不满足于流行的观点、行为,不满足于不假思索地、只凭习惯而接受社会状况的努力。这样的批判既是那种为了协调社会生活中个体间的关系、协调个体与普通的观念和时代的目的之间的关系的努力,又是某种追根溯源以考察事物的基础、区分现象和本质从而真正理解事物的努力。"据此,批判体现了人的主体精神,具有一定的价值指向性,是对权威和已有现存真理的反思和挑战过程。批判本身不是目的,创新和发展是批判的本质诉求。从某种意义上说,人类社会的发展史就是一部不断摆脱束缚、追寻自由和真理的批判史。考察西方近现代哲学史,不难发现,无论是笛·卡尔"普遍批判"的原则、康德的"一切都必须受到批判"的认识论,还是马克思主义哲学的辩证法,抑或是尼采的"重新估价一切价值"的信条,都是站在理性的角度,运用"批判"的武器,推动人类认识的发展和人类社会的进步。

批判意识作为人类的一种思维活动,是对现有思想和观念的反思和再认识,并为这种反思和再认识附加了价值的外衣。德国法兰克福学派创始人马克思·霍克海默认为,批判意识是以社会本身为对象的人类活动,其本质特征是反思和质疑,目的是追求社会的合理状态和所有个人的幸福。由此可以看出,批判意识也是一种人文精神,丧失了批判意识,意味着人文精神的缺失。因此大学人文精神的培养,离不开批判意识的养成与强化,特别是作为大学主体的教育者,更应该具备独立的批判意识。

教育者独立的批判意识,是教育者作为社会良知的根本素质,是建设创新型大学的基础性因素,是培养创新型人才的关键所在。有研究表明,教育者具备独立的批判意识,有助于抵御各种腐朽、消极的思维观念和生活方式,形成正确的世界观、人生观和价值观;有助于克服"多一事不如少一事"、"事不关己,高高挂起"、"息事宁人"等传统消极的错误心理,面对社会上的丑陋、不公和强权能主动伸张正义、参与公共事务,并能恰当地履行公民的权利与义务;有助于将本体性知识与条件性知识和教育实践有机结合,提高教育实践能力,从而促进教育者的职业成长;有助于教育教学改革,接受新的教育思想,对课程内容、教材编制、教育方法进行批判性地分析和主动地探索,使其更具有合规律性和合目的性;有助于教育者主体意识的增强和创新能力的提高,在自我建构中其主体性和创造性得到升华和完善;有助于培养学生的质疑意识和批判精神,促进学生的个性发展和开拓创新,增强学生的主体意识和创新精神。诚然,教育者批判意识的养成,需要社会价值的引领、社会舆论的导向、社会氛围的民主和包容,还需要鼓励独立思考、倡导反思和批判的教育机制,但更需要教育者自身的自我完善和培养。

第一,更新知识结构,从而达到认识上的自由。教育者的知识结构一般由人文基础知识、教育科学知识和专业基础知识构成。当前,大部分教育者往往突出后两者的学习和思考,而忽视了前者的积累和熏陶。其实,前者恰恰是"立业",或者说人文精神,抑或是批判意识形成的根本所在。真正的教育者是勤于学习、掌握丰富知识的"人师",只有这样,才能更好地把握人生的发展规律、社会的发展规律乃至教育的发展规律，从而发现教育的本质和问题，并理性地提出质疑，达到认识上的自由。当然，从知识的无限性和人类生命的有限性上看，任何人穷极一生也无法掌握所有的知识，因此，个人不可能在认识上达到真正的自由。这里所说的认识上的自由包含以下两层含义：一是教育者要充分了解教育对象，增强对教育对象的了解和驾驭能力，避免主观盲目和非理性的批判，从而在认识领域达到自由。二是教育者要克服自身认识的局限，避免主观片面性和教条、权威的限制。所以，教育者要最大限度地增大人文基础知识的比重，构建文理兼容的知识结构，从而具有独立的批判意识。

第二，培养职业理想，达到情感和意志上的自由。教育者独立的批判意识的养成得益于良好职业理想的培养。教育者只有把教师职业作为实现个体生命价值的条件，而不仅仅作为"生存之道"，才能"独立于当下可感境界，又超越于当下教育的现实状况，追求着理想自我、理想教育的建构。在这种追求自我实现的过程中，他们'宁愿谢绝上帝赠送的现成的真理，而选择探索真理的勇气，自己去寻找真理'（德国作家莱辛语）"。当然，教师的职业理想不仅在于职业观的理解上，更在于对学生主体价值和生命意义的关怀上，在于对所从事专业发展的责任感上。只有这样，教育者才能达到情感和意志上的自由，才能合乎理性地进行批判。这里所说的情感上的自由，是指个体对情绪的有效控制；意志上的自由，则指"对自我情欲的节制、对他人权威或主体命运的不妥协"。也就是说，教育者的批判意识只有建立在平等、公正、权利、尊严、理性、责任的基础上，只有摆脱了一己之私的限制、克服了趋利避害的本能、不受他人权威的左右，才能真正实现情感上和意志上的自由。

综上，教育者独立的批判意识，是一种超越自我的道德情怀，体现了教育者的主体价值，提升了教育者自我认识、自我塑造、自我实现的人文精神。这种批判意识必将对大学人文精神的培养起到积极的促进作用。

三、教育者要具有人文关怀的精神

人文关怀，是一个广义的概念，很难对其下一个精准的定义。学术界普遍认为，人文关怀是"对人类自身的存在和发展中所遇到的各种问题的关注、探索和解答，具体表现为对人的生存状况的关注，对人的尊严和符合人性的生活条件的肯定，对人类解放和人的自由而全面发展的追求等，它体现的是一种人文精神。"也就是说，人文关怀是塑造和培养人文精神的重要途径，是"用人的方式去理解人、对待人、关怀人，特别是关怀人的精神生活，让人的生命自由成长。"人文关怀在马克思主义哲学中体现了追求个性、崇尚独立以及自由、平等的价值理念。在《1844年经济学—哲学手稿》中，马克思通过对异化劳动和人的本质异化的批判，揭示了资本主义社会对人的摧残，并表达了对工人阶级的极大同情，进而彰显了马克思真切的人文关怀精神。然而，马克思的伟大之处体现在对人的命运的深切关注上，更体现在对人文关怀的终极指向上。他说："共产主义是私有财产即人的自我异化的积极的扬弃，因而是通过人并且为了人而对人的本质的真正占有；因此，它是人向自身、向社会的（即人的）人的复归。""代替那存在着阶级和阶级对立的资产阶级旧社会的,将是这样一个联合体,在那里,每个人的自由发展是一切人自由发展的条件。"由此可以看出,马克思人文关怀的终极目标,就是建立共产主义社会,到那时,人得到了彻底解放,人的个性、尊严、自由得到全面提高,人不仅是自然界和社会的主人,而且更成为了自己本身的主人。由于马克思主义一直是中国共产党人的指导思想,所以中国共产党的执政理念中始终饱含着人文关怀的价值意蕴,"从毛泽东的'全心全意为人民服务'到邓小平的'人民满不满意,人民答不答应',再到江泽民的'立党为公、执政为民',胡锦涛的'权为民所用,情为民所系,利为民所谋',中国共产党人始终把最广大人民的根本利益作为自己的根本出发点和落脚点。"科学发展观"以人为本"思想的提出,更是彰显了出人文关怀。党的十七大报告提出:"加强和改进思想政治工作,注重人文关怀和心理疏导,用正确方式处理人际关系",第一次正式使用了人文关怀的概念,体现了以人为本的宗旨。

大学作为培养人的地方,最能体现人文关怀。然而,长期以来,受传统教育模式以及市场经济的负面影响,我国大学教育过多地关注专业知识教育和职业技能教育,而对人的价值、尊严、情感、道德等反映人的本质的教育和引导关注不够,教育者与受教者之间也不能建立平等的师生关系,导致人文教育流于形式。在这种形势下,大学如何在以人为本的教育理念指导下培养人文精神,教育者如何以崇高的人文关怀精神关照个体生命的价值和意义,已成为摆在大学及大学教育者面前的一个重要课题。关于大学人文关怀,近年来许多学者分别从不同角度给予了诸多讨论,如有的认为人文关怀就是献爱心,就是关心学生的生活,多为学生服务;有的认为要做到人文关怀就要设置人文课程,增加人文知识;还有的认为人文关怀是思想政治教育的新内容等等,观点、理念之繁多,不一而足。可以说,这些观点、理念都从一个侧面反映了人文关怀的内容、形式与方法,对人文关怀的培养起到了很好的借鉴作用。但人文关怀是一个广义的概念,它涉及人的生存、价值、尊严、个性、平等、自由、人格、心理、文化、理想、意义等多个层面,所以在理论和实践当中,不应当以偏概全,不要单纯地进行有"人"没"文"的关怀教育,不要把人文关怀理解为上级对下级的关心与帮助,也不要打着"素质教育"的幌子,进行纯知识性的教育,进而丧失"意义"的世界。所以,作为一种价值观、一种理念、一种文化传统,大学人文关怀应当回到人性的根本点加以探讨和实践,即要大力倡导自由探索以及对失败和错误的宽容精神;要体现回归生活,关注个体对生存状况、生活条件的需求;要拓展个体发展创造的空间,以彰显个性、能动性与创造性;还要增强快乐体验,更大程度地使个体走向幸福。根据这一理念,作为大学主导因素的教育者,其人文关怀精神应在以下两个方面有很好的体现。

第一,对个体自身的人文关怀。作为一个教育者,他的生命意义不在于对物质生活的享受,而在于对高尚精神的向往。教书育人不只是一种"生存手段",而是一种存在的基本方式,是一种体现生命价值的事业。所以,教育者对自身的人文关怀,既要关注生存状况,更要关注生存意义。也就是说,教育者要淡化其职业的工具价值,而应努力地从生命价值角度把自己培养成和谐发展的人。首先,提升人文素养,培养正确的世界观、人生观和价值观。人文素养包括人文知识和人文精神两大方面,其中人文精神是人文素养的核心。在价值日益多元的社会,人文素养的好坏关乎一个人的价值取向。人文底蕴深厚的教育者,往往具有崇高的理想,强烈的社会责任感和历史使命感,能对人类的命运、人与世界的关系、人与人的关系有深刻的思考。所以,教育者要努力提升自身的人文素养,具有超越个人、超越物质的价值追求。其次,应该在职业生涯中实现自己的人生价值,体验职业幸福感。教师作为一种职业,既是一种生存方式,同时也是实现自身生命价值和意义的过程。因此,"教师绝不是照亮别人却毁灭自己的'蜡烛',而是在照亮别人的过程中也照亮自己前进道路的'火炬'——教师从职业中体验创造性的工作所带来的充实与幸福,获取人生价值的永存和人格的升华。"所以,教育者要在职业生涯中不断完善自我、培养高尚的情操和品格,以此展现人生价值,体悟职业幸福感。

第二,对学生的人文关怀。教育者对学生的人文关怀主要体现在以学生为本、尊重学生、理解学生、关心学生、帮助学生,坚持学生的主体地位,张扬学生的个性,让学生的生命自由成长,使学生能正确处理人与自然、人与社会、人与人及人与自身的关系。首先,要树立人文关怀的教育理念。教育者要多与学生进行心理、情感方面的沟通和交流,在此基础上建立信任和理解,要把科学教育与人文教育有机结合起来,在向学生传授科学文化知识的同时,将有关价值、意义等彰显人文精神的内涵意蕴传递给学生,为学生全面发展创造良好条件。在教学方式上,要以对话教育代替传统的灌输教育,使奴性化的学习走向自主性学习。杜威认为,传统的灌输教育带有强制性和压迫性,限制了学生的智慧和道德发展。而对话教育恰恰相反,它"主张师生平等对话、自由交流、相互切磋,教师尊重学生的个性,耐心倾听学生不同的意见,支持鼓励有见地的学生,能够最大限度地调动学生的积极性、主动性和创造性。"由此,对话教育以学生的价值和尊严为出发点,体现了大学人文精神之所在,并为学生创造了良好的创新学习氛围。其次,培养学生的责任感。责任感是个人对自身、他人、集体、社会、国家乃至人类应承担的义务以及相应的自觉态度和情感体验。教育者应以自身的责任意识和价值取向引导、感化、教育学生培养较强的责任感,使学生对集体、社会、国家、自然拥有深切的情怀,进而产生责任心和符合伦理的道德行为。最后,要建立平等、友好、和谐的师生关系。长期以来,由于"传道、授业、解惑"的特殊身份,教育者在教育教学的过程中始终处于"中心地位",具有绝对的权威,师生之间缺少良好的沟通与交流,师生关系实际上是一种"教与学"的支配与被支配的不平等关系。而正是这种"我说你听"、"我教你学"的教学形式,导致学生的个性遭到压抑、积极性、主动性、创造性遭到遏制。因此,教育者要树立新型的教育理念,科学的掌握教育教学规律和学生身心发展规律,克服传统教育中的"师道尊严",在尊重、理解、平等、民主的基础上,充分树立学生的主体地位,以一种平等、友好、和谐的师生关系来彰显对学生的人文关怀。

第四节　可资借鉴的国内外大学人文精神
培养的经验与做法

　　大学作为社会的重要组织机构，从它产生之日起就承担着弘扬人文精神的神圣职责。如前所述，在人类教育的发展史上，可以说19世纪中叶以前的大学基本上是以培育人文精神为主，以探求真理、完善人格为宗旨的，并以培养身心全面发展的理想的人为根本目的的。时至今日，关于人文精神的培养仍是各国大学都普遍关注的课题。考察、借鉴和吸取国内外大学关于人文精神培养的有益做法，可以为当代中国大学人文精神的培养提供许多宝贵的经验。

　　西方近代意义的大学有着悠久的历史，从绅士精英教育到纽曼的"博雅教育"再到洪堡的"完人"教育无不体现出西方大学对于人文精神的高扬。虽然19世纪后半叶以后，西方大学因为科学教育的盛行而导致人文精神有所衰退，但是许多古老文明的大学仍然保持着良好的人文精神传统。

一、牛津大学、剑桥大学的人文精神传统

　　牛津大学、剑桥大学作为世界顶尖一流的大学，是世界上最古老的两所英国高等学府（截至19世纪，英国仅有牛津和剑桥两所大学），通常被合称为"Oxbridge"。它们不仅因为历史悠久、大师云集、人才辈出、学术成果卓著而享誉世界，而且更因为其独特的人文精神传统而名传天下。牛津大学和剑桥大学分别成立于1167年和1209年，距今都有800多年的悠久历史，为人类的文明进步做出了突出贡献。据不完全统计，牛津大学共培养出"来自8个国家的17位国王（含6位英国国王）、47位诺贝尔奖获得者、来自19个国家的53位总统和首相（含 25位英国首相）及一大批著名的科学家"；剑桥大学也培养出"牛顿、达尔文等众多伟大的科学家、81位诺贝尔奖获得者、三位英国首相以及无以计数的人类精英。"把牛津大学和剑桥大学合写在本节中，不仅因为它们同宗一脉，而且因为在漫长的发展演绎过程中两所大学的历史传统、办学理念、建筑风格和人文精神都存在着天然的一致性。

　　英国教育家阿什比曾说过："任何类型的大学都是遗传和环境的产物。"置身于牛津或剑桥，厚重的历史文化传统和优美的校园人文环境，会把人们直接带到中世纪的知识殿堂；古朴典雅的哥特式建筑和充满神秘感的古老教堂，具有几百年历史的方庭、楼梯、鹅卵石小街，众多的博物馆、图书馆、纪念馆、书店、画廊、咖啡馆、影剧院以及风景如画的田园风光，无处不彰显着历史的厚重和文化的瑰丽。牛津和剑桥都是城市与大学融为一体、传统与现代浑然结合的城市大学，没有校门、围墙甚至正式招牌成为它们与众不同的独特风格，同时也

显现出两所大学自由、开放的历史传统。探索普遍学问、传授普遍知识、培养有教养的绅士精英，是牛津、剑桥共同追求的目标。19世纪中叶以前，它们都以人文精神培育为主，此后随着科学技术的迅猛发展和社会的广泛需求，两所大学又同时采取人文与科学并重的办学理念把传统的人文教育与现代的科学教育有机结合起来了。

有着几百年历史传统的学院制和导师制，是牛津与剑桥为了培养绅士精英而采取的独特的人才培养方式，迄今为止世界各国大学仍无法复制和超越这样的培养模式。学院制，是大学与学院分工协作共同培养人才的教学模式。学院不是按系科、专业来划分的，而是将不同学科、专业的学生聚在一起，形成独立的学院，每个学院一般不超过500人，这样有利于不同学科背景的学生相互交流学习。每名学生必须先在某一个学院注册，成为学院的一员后，最终才能成为大学的正式成员。截至目前，牛津建立了39个学院，剑桥成立了31个学院。很有意思的是，学院和大学就像共和国与联邦制国家一样，学院基本上都是私有的，具有独立法人资格，自负盈亏，拥有自己的教师、职员、校舍、图书馆、财产及学习生活设施，可以独立招收本科生，负责学生日常的学习和生活管理并为每名学生配备导师；而大学则是公办的，国家负责拨款，负责指定各学院的教学内容，组织课堂教学及讲座、研讨会等教学活动，负责招收研究生，提供实验室、图书馆、博物馆等教学科研资源，组织颁发学位证等重大活动。由此，学院制的特点是：大学负责教学、学术与科研工作，而学院具体负责学生日常行为规范及良好品格的养成。"大学的教学方法是教授式的，而学院的教学方法是导师式的。大学为传授知识而存在，学院的职能则在于培养学生的品格。"导师制，是与学院制相配套的教学模式。每名进入牛津和剑桥大学的学生，所在学院都会为他指定一位专业院士做他的导师，负责指导他的专业学习、就业发展和个人品行。导师都是专职的，一般只负责指导3—5名学生。每名学生每周至少与导师面对面交流学习一次，向导师汇报一周来的学习成果，并与导师进行平等的对话与讨论。在辅导的过程中，学生可以近距离地感受导师渊博的学识和高尚的人格魅力，既保证了教育教学质量，促进了学生独立思考的学术风格，又让学生在成长的过程中得到导师高度的人文关怀。

此外，丰富多彩的校园文化活动、无数的学术讲座、大量的图书馆藏、众多的博物馆、浓郁的学术风气，看似松散实则严格的管理制度以及一流的服务意识也都为牛津和剑桥积淀厚重的人文传统奠定了坚实的基础。无论是在牛津还是剑桥，处处都洋溢着以人为本、尊师重教、追求真理、民主自由、创新思维、积极上进的人文氛围。

二、哈佛大学的人文精神传统

早期的哈佛大学是牛津和剑桥大学在美洲的复制品，其办学理念和培养目标几乎与"牛桥"别无两样。但在哈佛大学漫长的发展、变革、演绎的历史进程中，哈佛大学不断调整办学理念、课程设置、人才培养目标以适应不断变化了的美国社会及国际社会的需要，最终使其突破了"牛桥"的模式，独树一帜地成为世界大学的"王中之王"。然而，人文精神是大学的灵魂,在哈佛璀璨的桂冠上自然也少不了浓郁的人文色彩。哈佛的校徽上印有"真理"二字,校训是"与柏拉图为友,与亚里士多德为友,更要与真理为友",昭示着哈佛求是崇真的人文理念。所以,借鉴国外大学的人文精神传统,哈佛应该是最具有代表意义的大学。

参 考 文 献

[1] 杨朝祥 . 技术职业教育辞典 [M]. 台北：三民书局股份有限公司,1984.

[2] 翟海魂 . 发达国家职业技术教育历史演进 [M]. 上海：上海教育出版社,2008.

[3] 徐国庆 . 职业教育课程论 [M]. 上海：华东师范大学出版社,2008.

[4] 张启富 . 高职院校试行现代学徒制：困境与实践策略 [J]. 教育发展研究,2015（03）.

[5] 赵鹏飞 . 现代学徒制人才培养的实践与认识 [J]. 中国职业技术教育,2014（21）.

[6] 叶东,吴晓 . 中国式现代学徒制 [N]. 中国产经新闻报,2013（02）.

[7] 刘冉昕 . 国外现代学徒制职业教育模式的比较研究 [J]. 辽宁：辽宁经济,2012（12）.

[8] 关晶,石伟平 . 现代学徒制之"现代性"辨析 [J]. 教育研究,2014（10）.

[9] 陈少金 . 中美校企合作教育浅析——基于比较公共行政视角 [J]. 科教导刊,2012(13).

[10] 董美玲 . "斯坦福—硅谷"高校企业协同发展模式研究 [J]. 科技管理研究,2011(18).

[11] 李松等 . 高等院校校企"共赢"合作模式分析——基于中国和美国比较 [J]. 科教导刊,2014（01）.

[12] 刘兴等 . 中美职业教育校企合作比较分析与我国推进建议 [J]. 当代职业教育,2014（1）.

[13] 罗玲玲等 . 麻省理工学院媒体实验室创新机制研究 [J]. 武汉理工大学学报（社会科学版）,2015（06）.

[14] 牛司凤 . 高校与区域协同创新的路径选择——以美国北卡罗来纳州"研究三角园"为例 [J]. 高教探索,2014（06）.

[15] 宋玲玲 . 中美两国高等职业教育校企合作的比较研究 [D]. 河北：河北大学,2015.

[16] 毛道伟,孙侠 . 模式改革初显成效人才培养渐成特色 [J]. 广东科技,2010（19）.

[17] 林健 . 校企联合培养卓越工程师 [J]. 高等工程教育研究,2010（04）.

[18] 孙福全,陈宝明,王伟光等 . 产学研合作创新：模式、机制与政策研究 [M]. 北京：中国农业科学技术出版社,2008.

[19] 孔凡成 . 国外校企合作办学中的职业教育资源探析 [J]. 天津职业大学学报,2007（04）.

[20] 朱超云 . 高等工程教育产学研合作人才培养体制与机制研究 [D]. 哈尔滨：哈尔滨理工大学硕士学位论文,2012.

[21] 石伟平 . 比较职业技术教育 [M]. 上海：华东师范大学出版社,2001.

[22] 刘兰明 . 高等职业技术教育办学特色研究 [M]. 武汉：华中科技大学出版社,2004.